一生·一刻

木口木刻家张忠信传

吴刚 著

时代文艺出版社

SHIDAI WENYI CHUBANSHE

图书在版编目（CIP）数据

一生·一刻：木口木刻家张忠信传/吴刚著. --
长春：时代文艺出版社，2023.3（2024.12重印）
ISBN 978-7-5387-7100-8

Ⅰ. ①一… Ⅱ. ①吴… Ⅲ. ①张忠信－传记 Ⅳ.
①K825.72

中国版本图书馆CIP数据核字(2022)第213376号

一生·一刻：木口木刻家张忠信传
YI SHENG·YI KE：MUKOUMUKE JIA ZHANG ZHONGXIN ZHUAN
吴刚 著

出品人：吴　刚
特约编辑：慈国敬
责任编辑：李贺来
装帧设计：张　帆　孙　利
排版制作：赵佳琦　隋淑凤

出版发行：时代文艺出版社
地　　址：长春市福祉大路5788号　龙腾国际大厦A座15层（130118）
电　　话：0431-81629751（总编办）　0431-81629758（发行部）
官方微博：weibo.com/tlapress
开　　本：880mm×1230mm　1/32
字　　数：207千字
印　　张：8
印　　刷：三河市万龙印装有限公司
版　　次：2023年3月第1版
印　　次：2024年12月第2次印刷
定　　价：78.00元

图书如有印装错误　请寄回印厂调换

序

七十岁之前，作为一位艺术家，除了故乡山城，张忠信在全国范围内几无人知。

比起艺术上的显赫声名，艺术家的沉默尤其需要英雄气概，如深夜旷野边缘的一豆光，偶尔闪一闪，不在乎别人看没看见。

现在，张忠信已经八十多岁了，仍是一位理想主义者：单纯、干净，远离凡俗的纷扰，与夫人林素秋女士"诗意地栖居于这片大地之上"（荷尔德林诗）。

每个时代的诗人、艺术家，内心都藏着一座仅供自己解脱的山——南山。陶潜的南山令陶潜悠然心远，张忠信的南山令张忠信默然心安。现实中有那么多人搞了一辈子艺术，却连艺术的门儿都没摸着，站在门外还挺能喊；而张忠信平日里没什么话，不平常的日子里也没什么好说的。想起他那次推让获奖感言的行为，自然而真诚，令人感佩。

沉默？我看到的，别人早已看到了、看过了，没有可看的余地了。那我只能转过身去，向后看。我看到了别人也曾看到过却未加注意的东西。那些仅仅为艺术家所呈现的东西不可言喻，却展示着不可思议的美。其实，不是我发现了这些东西，是这些东西因沉默而发出的光吸引了我的视线。

当然也不是沉默，是静。宁静。如果宁静失去了形容的属性，如果宁静一旦顺化而为超越生死的另一种境界，那么宁静所发出的光，就是一切艺术的核心。那一豆光，逐渐扩展成一片光。

张忠信看到了。他不说。他的刻刀在这片光中吟唱着。

《一生·一刻》是一部人物传记。主人公是艺术家张忠信。

这部传记的写作过程回答了作者的如下疑问：这个 1937 年出生的老人，经历过国乱、家乱，半生坎坷，没有接受过美术院校的专业教育，他是怎样走上艺术创作之路的？他的热爱、天赋、专注缘何而来，又如何传至他的儿孙？他是怎么成为令外人尊敬的他，又是怎样成为令家人尊敬的他？他久远的童年，他对艺术产生兴趣的那一天，他的出生地，他的山城，他的学生林素秋、夫人林素秋，他的三个儿子，他的孙女孙子，他视为老师的靳之林先生……这一切在他的生命中喻示着什么？

传记共分五部分。

第一部分，作者从张忠信现实生活的常态入手，向我们展示了艺术家充满诗意的生活环境、情调、意趣以及令人神往的那种山居的日子所独有的清幽的氛围。

某天，张忠信的大儿子告诉他，可以在乡下翻盖一处农民的房子。"从头一年杏树开花，到第二年杏树结果"，一间宽敞的石屋、充满生机的小院，终于建成了。"读书、作画、刻木、躬耕。"小院名为"蚀木山坊"——张忠信在日记中写道："蚀木是我晚年的日课；山，举头即望，是一个客观的存在；坊，是劳作的地方，它正好坐落在小山的脚下。"

来山坊前，他刻的是冰心、鲁迅、张爱玲，琼有兵马俑、佛造像……来山坊后，他刻的是小鸟、小狗、猴子、猫咪……

而他一直在构思着一件名为"蓑翁对韵"的作品。这件作品暗含着他自身的倔强性格。

第二部分，从张忠信出生写起，经过离别家乡、返回东北；童年、少年、青年；历经乱世乱象，亲情、友情、师生情。其间从萌发到日趋强烈的"美术"情结，使其追求艺术的信念随着年岁的增加而更加显著和坚定，尤其是放弃中文专业甘当一个没有高等教育学历的中学美术教师，初步展现了他倔强的性格。这一部分内容比较充分，设立了"出生""离别""母亲""奶奶""东北""大学""瘦马""山村""先生""眷恋""好友"等十一个章节，使张忠信的"过往岁月"跃然纸上。

第三部分，写林素秋。弥漫着一种平静而又深沉的气氛。相识、相爱、结婚生子、生老病死……没什么起伏，很平常，没有多少情感的流露，但其中却透露出某种诱人的温度和悄然散发的美。

第四部分，张忠信与他的三个儿子。长子张帆，经过一番波折，1988年考入东北师范大学美术系；次子张黎，与张帆同一年考上了中央美术学院史论系；老三张澈，1996年考入中央戏剧学院舞台美术系。

那天，当兄弟二人拿着录取通知书回到家的时候，父亲恰好没在家。晚上，父亲一进家门就急急地问："你们接没接到录取通知书？我听说有的孩子已经接到了。"兄弟俩告诉父亲，他们都接到录取通知书了。父亲二话没说，同时给了兄弟二人一个大大的拥抱。这一突然的举动让兄弟二人呆住了，站在原地很久没动。这是张帆记忆中得到的父亲的第二次拥抱。……大哥和二哥在同一年考上大学，尤其是父亲给他们的那个拥抱，刺痛了老三张澈。张澈是20世纪80年代典型的"问题"少年——他的书包里除了一两本小人书，还有一块板砖。……但后来，同大哥张帆一样，他也以四次高考的经历实现了自己"到北京读书"的誓言。

长子张帆工作生活在长春，次子张黎、老三张澈分别在上海和北京工作。"孙女远在海外攻读博士学位；大孙子快上初中了，另外两个孙子，一个上小学，一个上幼儿园，四个孩子都善良、自信、阳光，也无一例外都对艺术充满了热爱。"

"三个孩子觉得虽然父亲是严谨的，甚至是严厉的、苛刻的，对他们的文学素养、绘画技法，甚至外语学习都要求甚多，但他们觉得令他们受益终身的不是这些严厉系统的训练，而是父亲一生将艺术近乎视为信仰的追求，还有父亲那超越世俗的人生态度以及父母为他们营造的家庭氛围。"

艺术家张忠信对后代的影响力是极具延续性的，这就是他留给后代的精神财富，其价值不可估量。

第五部分，张忠信与木口木刻。文艺评论家董大可对张忠信和他的作品做了如下评价："看他的藏书票，骨子里有一股非常倔强的精气神，充满着昂扬向上的氛围……张忠信先生以他那种默默无闻、锲而不舍、持之以恒的行动，以非凡的超脱定力，坚守着自己的人格与艺术底线，'有道则现，无道则隐'，他顽强而生动地诠释着什么叫艺术家'善恶分明'的真知与良心，什么才是艺术家极其可贵的'文化自觉'，什么样的作品才有资格、才有可能被人们发自内心地称其为'思想性与艺术性的双丰收'。"

张忠信已经成为木口木刻领域的佼佼者。数年间，他多次参加全国艺术展并多次获奖，但给人的印象永远是"低调、厚道"。——2011年，上海国际书票邀请展，张忠信送展了四幅作品，获得了邀请展金奖。剪彩后，组委会邀请张忠信代表获奖人发言，张忠信觉得自己"嘴拙"，将话筒推给了别人。

吉林艺术学院教授王公，虽与张忠信仅有一面之缘，却为张忠信的特立独行所打动，他认为张忠信比当下的那些艺术名家多了一种特别的坚定，这种坚定与名利金钱无关，其表现为毫不动摇地精研艺术、长久地探索木口木刻的中国化和民族特征。

王公在给张帆的信中写道："张忠信的不声不响让他变成了一个边缘的人，甚至变成了一个被社会遗忘的人，他身上有着20世纪初那些大师的影子，好像世俗社会的种种良与不良，很少能投射到他的身上。正因如此，他的精神是光芒无限的，是有着历史穿透性的。"

张忠信从2005年开始尝试木口木刻创作至今，他的技法更加丰富、熟练，个人风格更加明显。他在日记中写道："写实之外有广阔天地，畏难，不走写实。走其他路也不容易。艺术上应以喜爱作选择，而不是容易。……精致已属不易，灵性更为难求。"

张忠信不断地遇到难题，同时也不断地解决难题，他是一位越老越有价值的纯粹的艺术家；而艺术创作的过程就是破题的过程，他对木刻的体会是："以小博大，以有限写无限，纳须弥于芥子，这本是中国诗、中国画的共同特点，也是小版画藏书票成功的奥秘所在。让艺术与人文相互穿越，走出各自的藩篱。"

刻刀在描述，画笔在抒情，这一对安静的艺术伴侣，终日置身于无法模仿、无法复制的那种如诗如画的艺术境界之中。

一切都有意思与一切都无意义，不成问题。鸟也好，树也好，"好看"就好："我不是鸟类专家，也不是植物学家，只是个画画的老头，看到入画的鸟，挂满果的树，便收入画中。好看就可，余者不计。"（张忠信日记）

大自然以不容他回报的深情与美滋润着他的余生。山坊，飞鸟，松鼠，果树，花草，山丘。用不着过渡。爱，衔接一切。

爱，这个字何其空泛。但对于张忠信这种人而言，他可能一辈子都不肯随意吐露这个字。然而，且看他的脚印、他的眼神、他的微笑甚或他的沉默：爱，无处不在。他经年累月地追寻着美，他知道，没有美，爱就失去了前提。他无意以沉默孕育美，但山河大地、花鸟人物全都缠绵于他的内心。

八十多岁了，还是小时候的那颗心。

在那条兑现自己给自己许下的某个承诺的路上，每一时刻都是最后时刻。每个真正的艺术家的每一时刻都是其艺术的最后时刻。因为艺术的灵光只能在其创造性的转瞬即逝中趋向永恒；更何况所谓"永恒"、所谓"不朽"，只不过是某种概念性的世俗的预期。

而所有艺术家都在共享着同一种精神食粮——孤独。孤独强化了他们的探索欲望。张忠信也不例外。他从七十岁开始，一步一个脚印地独自深入木口木刻这一领域。他不在乎有没有同行者，孤独使他越发坚强。除了孤独，爱与美，也同时构成了张忠信艺术创作的原始动力。

张忠信是不是一位伟大的艺术家，还无法定论，但他确实具备一种伟大的艺术探索精神。可以肯定的是，他是一位真正的艺术家。在这个时代，真正的艺术家很少。从他身上我们可以看到所有真正艺术家的共性，这一共性即是衡量真伪艺术家的标准——不遗余力、不计名利、不求理解、默然独行。

血脉相承。艺术的血脉绵延不绝。张忠信、林素秋、张帆、张黎、张澈……这一家子，那么静，又那么远。

从七十岁开始，张忠信无视自己无法预料的结局，一直在他独有的那片充满天地英雄气的时空中刻画着他想表达而又难以用言语表达的一切。这一切，不仅仅包括以"敬豪杰、仰忠烈、刻英雄之态、展民族之魂"为宗旨而创作的人物系列，还包括充满温情的动物系列。

这样一个人，这样一种境遇、情怀，这样一把刻刀——春夏秋冬，有意无意间流荡的，全是耗不尽的爱与美。

马　辉

2022 年 9 月 27 日

Contents 目录

执子之手

楔　子

2021年12月26日，农历冬月二十三，我此行的目的地是长春二十公里之外的一个小村庄，我要结识的张忠信老先生就住在那幢外立面由青石碎块垒成的乡舍里。同行的张老先生的大儿子张帆告诉我，他父亲给这处居所起名为"蚀木山坊"。

当天是老先生八十五岁的生日，张帆夫妇此行的目的是给老人家祝寿。选择在老人家生日这一天造访，"初次见面"的意义因此变得不同。

张帆打开后备厢取东西，有为父母买的咖啡、牛奶、蔬菜，有专门带给父母的艺术方面的书籍，还有很多火锅食材。毫无疑问，当天的生日宴是火锅。

我们三人拎着大包小包沿缓阶而上，一位衣着简朴、却透着浓浓书卷气的老太太在门口迎接我们。这应该就是张忠信老先生的夫人林素秋女士。我礼貌地向老人家问候，老太太含笑致意，对我的问候却笑而不答。张帆解释说："我妈耳朵不好，说话声小了，她听不清。"这时我才发现，老太太的胸前别着一台助听器。

张忠信老先生还在前面的工作室工作。推门而入，一股木香钻入鼻孔。这种木香是大山里经常飘着的味道。

工作室面积很大，举架很高，格局显得很开阔。墙上挂满了各种类型的艺术作品，有油画、水彩画、国画，当然，最多的还是张老先生自己创作的木口木刻作品。

老先生工作的桌案靠近屋子的东墙，我们需要绕过一排书架和一架旧式雕花大床。戴着老式花镜、须发皆白的老先生正透过放大镜，聚精会神地刻着一块圆形的木块，丝毫没察觉有人进来。

张帆说了句"爸，我们来了"，老先生好像对突然进来两个人感到很惊愕，半晌才缓过神来，抬起头，循着声音望向我们，慢慢地站起来，与我握手。

那条斑驳陈旧的长木桌上堆满了物件，式样各异的刻刀、摊开的杂志、成摞的书籍以及油墨、电脑、放大镜、笔记本、光滑的木块、

印好的藏书票……还有一堆已完成或即将完成的刻板。这些东西堆放在桌上，东一簇西一摞，高低不同，杂密层叠，看似无序。

听说了我的身份和目的，老先生有些拘谨，脸上显出了孩子般羞涩的表情。

我问他："老先生，听说您的木口木刻作品获得了很多国内外的奖项，您从事创作多少年了?"

"应该有十几年了吧……"老先生回答缓慢，一字一顿，像是要进行斟酌和思考。后来我才知道，老先生生性严谨，又因为经常处于思考状态，平时言语又不多，因此说话慢，几十年都这样。说话慢、声音低因而也成为这个家庭的习惯，每个人说话都很柔和，无论遇到多激动的事，都很少用热烈的方式表达。

火锅已经摆放在一条长方形的饭桌上，夫人素秋紧邻老先生坐在

了右侧，一条叫"欧丽"的小狗挤在她的座位上，并像孩子似的顽皮地打量着对座的我，偶尔发出一声友好的叫声。

这是一场极为安静的生日宴，以水当酒，祝福简单，只有墙上墨迹刚干的一幅画作显示出些许隆重。画面是一只仙鹤回望着一棵茂盛的苍松，点点梅花，迎风绽放。"大雪 / 贵寿无极 / 长乐永康"，落款上写着"素秋 / 庚子贺"。这是七十七岁的夫人素秋送给老先生的生日礼物。

每一年的生日，素秋都会画一幅祝寿图作为贺礼，送给携手走过近六十个春秋的丈夫。儿孙们也都会在这一天送上一份祝福。因为疫情，远在上海、北京工作的二儿子和三儿子都不能回来给老父亲祝寿，这多少有些遗憾。

就这样，在这一天，我正式结识了张忠信老先生。

我的心中充满了疑问：这个1937年出生的老人，经历过国乱、家乱，半生坎坷，没有接受过美术院校的专业教育，他是怎样走上艺术创作之路的？他的热爱、天赋、专注缘何而来，又如何传至他的儿孙？他是怎样成为令外人尊敬的他，又是怎样成为令家人尊敬的他？他久远的童年，他对艺术产生兴趣的那一天，他的出生地，他的山城，他的学生素秋、夫人素秋，他的三个儿子，他的孙女孙子，他视为老师的靳之林先生……这些事和人在他的生活中扮演着什么，如何塑造着他，他又如何影响着他们？

在老先生的日记里，我寻找着时代的印痕，透过他平实而温暖的文字，我感受着他的思考。我试图把老先生的过往找回来，记录在这本薄薄的书里。

林素秋送给永忠信的生日礼物

小院故事

铃　　声

　　早晨，铃声唤回。早饭后，素秋与我谈了山水画。每个人的想法都与众不同，各自按自己选定的路去走就是。

　　晨有一构想：在屋的西北角修个小池塘，以存上屋后坡的降水。养观赏鱼，水中有石卵、石沙、水草。

——选自张忠信先生

2019 年 2 月 15 日、2017 年 8 月 14 日日记

　　清晨，小院。

　　像大多数清晨一样，七点钟，一位穿着干净、朴素，耳朵上戴着一副助听器的老太太都会准时打开小院后屋的门，径直走到花架前。粗大的花架上钉着一只铸铁做成的马头铃铛，老太太娴熟地摇晃了几下，清脆的铃声立刻借助空气的力量四散开来，声音算不上悠扬，但却具有很好的穿透力。

　　老太太就是张忠信老先生的夫人林素秋女士。六年前，他们从省城搬进了这座小院，重新归于乡野。如果再往前追溯，他们在山城通化工作了一辈子，退休后被大儿子接到长春颐养天年。

　　铃声是素秋呼唤丈夫回来吃饭的信号。照例，每天起床后，忠信就开始了在石屋中的工作。锯木、打磨、抛光、画稿、誊稿……

每一天的内容都不一样又几乎一样。刻刀每移动一下，小木板上就会出现一条细若发丝的线条，这些细密的线条需要借助放大镜才能看得清晰。

素秋站在花架下，望向缓坡下的石头房子。几分钟后，门缓缓地打开了，忠信慢慢地从屋里走出来。一头白发，一髯白须，连眉毛都开始泛白了。时间过得真快呀，这是那个年轻英俊、让自己景仰的老师吗？

"大人物"欧丽

欧丽见到从缓梯下走上来的男主人，兴奋地跑下去，使劲儿摇晃着尾巴，发出嘤嘤的叫声。素秋的目光移到丈夫的脚上，那几层台阶是她一直担心的，直到忠信和欧丽都走到身旁，她才放下心转过身向屋里走去。欧丽一如既往地挤在两位老人的中间，颠儿颠儿地小步跑着，这画面就像祖父母带着孙辈一样。

进到屋里，素秋开始忙活，两碗杂粮粥、两只煮鸡蛋、一碟翠色的小青菜和一小盘烤花生很快摆到了餐桌上。两位老人相邻而坐，这是他们一辈子的位置和习惯。

吃过早饭，忠信和素秋会在客厅的沙发上半坐半躺一会儿，翻翻画册、看看书。短暂休息后，忠信会继续到他的工作室工作，素秋则会麻利地收拾完碗筷，和孩子们在家庭微信群里聊聊天，再辅好宣纸，画画，写字，忙手头的活计。

中午十二点，素秋会再次摇响那只锈迹斑斑的铜铃。吃过中饭

后，忠信要在沙发上休息个把小时，然后返回工作室。素秋则会回到自己的卧室小憩一下，醒来后看看书、作作画，或者捧杯暖茶坐在沙发上看看电视。

晚上五点左右，铃声会又一次响起，忠信也会结束一天的工作。两位老人和欧丽简单地用着晚餐，轻声细语地交流着。晚上是对一天的总结，忠信会把这一天的所思和收获讲给夫人听，素秋也会发表自己的见解。话题逐渐多起来，家长里短，东一句西一句，聊聊孩子，聊聊天气。这些结束后，他们会一起看看电视。九点前，屋里的一切声音都静止下来。

六年了，他们已经适应了这样的生活。每日三次铃声，如晨钟暮鼓，在小院里丁零零地响着。春消夏长，秋去冬来，单调的铃声穿越了四季。季节是刻板的，也是踏实的，轮回着，一丝不苟。芽在春天发，果在夏天结，小鸟飞去又飞来，落在忠信的木板上，成为黑白画像。

忠信与素秋居住的石屋南面，是一片绵延数百米的丘地。丘下是一片低洼的耕地，耕地尽头是一条不到十米宽的乡间沙石路，蜿蜒曲折，直到连通上那条通往省城的一级公路后才隐身不见。

当然，如果站在丘地之上北望，也会清晰看到山下的村庄和村庄中的这间石屋。

新鲜的豌豆饭　　　　　　　　午饭后的林素秋

山　坊

　　昨天见了正建的房子。地点、地势、环境极佳。小村的人也好。园里有许多果树，明年就可入住。我刻木刻的地方，就叫"蚀木山坊"，做一个小牌匾。这事我想了很久，年过八十，才有这山坊，高兴，又可笑。

　　蚀木山坊，蚀木是我晚年的"日课"。山，举头即望，是一个客观的存在；坊，是劳作的地方。它坐落在小山的脚下。做一块牌，要小，挂在墙上，在木上雕字，涂石绿。样素些，传统，字从右向左排。

——选自张忠信先生

2016 年 7 月 18 日、8 月 24 日日记

　　忠信老先生在山城通化工作了一辈子，山水的灵性给了他创作的灵感，也给了他情感的归宿。他热爱自然，他觉得自己属于乡野：秋天的五女峰、夏天的岳桦林、早春清浅的溪流、皑皑白雪下的车辙……几十年，它们不断地出现在他的画布上。行走、驻足、凝视，他看山，也看自己。

　　六十岁的他从通化市文化馆退休了。退休这个形式，对一般人来说是人生的大事，是生命的一次重大转折。对张忠信，也不例外。

这一年，孙女出生了，小儿子也拿到了中央戏剧学院的录取通知书，喜悦充满了这个家庭的每一个角落。素秋从未画过大海，六十岁的忠信带着五十三岁的素秋在海南画了半年，帮夫人完成了夙愿。这一年，忠信还萌生出了一个新的想法，从油画转攻木口木刻。望着大海，他的脑中浮现的却是珂勒惠支的黑白木刻，那本由鲁迅介绍到国内的小册子已经被他翻烂了，这是他从青年时代起就常放在手边的书。在国内，因为工具、材料的限制，只有极少的版画家在从事这种形式的创作，连艺术院校的版画专业也没设置过木口木刻技法课。

短短一年，他的人生竟然发生了这么多变化。他对自己选定的新创作方向充满了渴望和期待。

2005年，忠信和素秋将家搬到了长春。满满的一辆加长卡车里，他搜集的各种用来刻木口木刻的木头竟然占了半卡车。

新生活满足了亲情却让他远离了自然，空间的局促更令他有着说不出的遗憾和焦虑。

木头无处堆放，刻刀还缺几把，木锯、木屑、砂纸、锉刀、油墨、电脑总在互相挤占空间。工作的桌子太小了。

一天，大儿子告诉他，可以在乡下翻盖一处房子。这简直是个天大的好消息。

乡下有着数不尽的碎石，大儿子领着一帮农人在山上捡拾青色的石块，然后把这些石块打磨成大致均匀的石片。从头一年杏树开花到第二年杏树结果，老先生终于看到了他梦想中的宽敞的房子。

房子的地点、地势、环境，在他看来都是极佳。因他本身就对生活要求极低，只要宽敞，能让他的木头有个冬暖夏凉的好去处就

山坊啄木者

行。村人听说房子的主人来了，东一家西一户，围拢过来，嘘寒问暖，表现出极大的好奇和友善。

回忆的闸门一下子打开了，老先生想起了与爷爷、奶奶、二叔、二婶共同生活的童年岁月，想起了在兵荒马乱的岁月里那些照顾他的乡亲，想起了山东老家园子里的那些枣树……

每个人都有一份记忆中的"乡愁"吧，年龄越大，从前模糊的记忆反倒会逐渐清晰起来。

要给这个小院起个名字，叫什么好呢？他想了无数个名字，又

退休后的张忠信一直保持着写日记的习惯

——被自己否决了。

有一天，他正在收尾一幅木口木刻作品，刻着刻着，竟忘了时间，直到一缕斜阳突然洒进来，晃到他的眼睛上。就在站起来准备拉上窗帘的一刹那，他突然想到了小院前边那座小小的"山"，一个名字在眼前一闪而过——蚀木山坊！

当天，忠信在日记里这样写道："蚀木是我晚年的'日课'；山，举头即望，是一个客观的存在；坊，是劳作的地方，它正好坐落在小山的脚下。"

午饭后的阅读权当休息

建设中的山坊

南　山

在此落户了。午后儿子单位的人也到了，烧烤。我刻了几刀，更多是将搬来的东西安置、归拢。

上午将最后的物品安置完，下午将小院的长凳修磨了一下。悠然见南山，此境甚好。

雨停，晴。是这里几年不遇的大雨。治山治水是必为。

早晨的景色很美，拍了些照片。午后二时许登南山，看了山势。

——选自张忠信先生

2017 年 7 月 15 日、16 日、21 日、2018 年 11 月 21 日日记

搬家那一天，忙乱而快乐。

忠信把自己的东西打了很多包。生活用品不用管，那是素秋关注的重点；他关注的是书、自己创作的水彩、油画，还有木口木刻藏书票。书大多是旧的，纸页泛黄；水彩和油画，颜色正在失去亮泽和明度，反倒呈现出一种厚重的美；黑白的藏书票因单调反而高度张扬……老先生将一把把自己精心设计和打磨的刀具仔细包好，

又将孙女从美国、日本网购回来的刻刀和木刻台一一放好。儿子淘汰下来的电脑和专为他买的平板电脑是他看世界的窗口，里面存满了国内外艺术家的作品。

老先生的家什搬了很多趟才算都运到了小院。空旷的石屋一下子丰盈起来，欧丽房前屋后欢快地跑着、叫着。小院有了属于自己的生机。

年过七旬的素秋忙着布置后院的起居室。床是首先要安置好的，休息好生命才会旺盛。锅碗瓢盆也要安置在相应的位置，吃饭是不可忽视的头等大事。北窗下正好有条长六七米的墙面，素秋辅好纸，临了一幅《兰亭集序》，贴在仅仅刷了一层白浆的红砖墙上，古朴、雅致，素秋很喜欢。

家搬完了，居就算安了，清净如水的日常令老夫妻有种"采菊东篱下，悠然见南山"的感觉。往下就该是乐业的日子了——"开荒南野际，守拙归园田"，两位老人仿佛重新回到了壮年。

石屋之外，满眼都是自然之色：花狸鼠跳过墙头，喜鹊停在不远处的枝丫上，不知名的鸟儿朝着他们啁啾鸣叫，连欧丽都欢天喜地……

新春伊始，一个小菜园子已经开始经营起来。素秋喜花，蔷薇、月季、紫藤、牵牛花都要种上。秋天，儿子或者其他朋友来了，地里的玉米和土豆自然就成了饭桌上"抢手"的时蔬，吃得尽兴之后，还要大包小包装满带走。读书、作画、刻木、躬耕……这样的生活，似乎让老两口的身体也好了起来。第二年春天，忠信在日记中这样写道："《待哺》推进。素秋帮写要刻的字。腿痛减轻。"

不过，山居毕竟不比城里，冬日的气候更冷一些，忠信也在日

记中记录了这样的感受："温度降，画室中穿棉外衣。鸟的尾部一处刻坏，修补（打木塞）。新起一稿，不好看，需环境衬托，环境现在还是一个空洞的概念。素秋让我绘制门神，这是她愿在这住下去的意愿。"

就这样，蚀木山坊的日子一点点步入了"正轨"。

蚀木山坊迎来建成后的第一个秋天

林素秋贴在北墙上的"兰亭序"

奇　遇

　　鸟飞进工作室内，梁上、天窗、门，飞来飞去，是要寻飞离这屋子的口。在门的玻璃上撞得不轻，在梁上的角落里不再动了。这是山居的奇遇之一。我不知怎样帮它。午后它不见了，应从开的门飞出去了。

　　去西院。蒿子几天长半人高。樱桃树上结满红果，花鼠从身边跑过。去房后工作台凿锉两块木板，坐下来开始刻书票。去买菜，花了15元买了黄瓜、西红柿。鸟刻就，下午刻树干。

——摘自张忠信先生

2017 年 8 月 31 日、2020 年 6 月 27 日日记

　　安静的蚀木山坊，在老先生每日不辍的"日课"里，很快"喧嚣"起来。

　　隔壁胡贵家的猫、村西头老杨家的小土狗、叫不上名字的鸟儿、大大小小的松鼠……忠信把小动物们时不时地来串个门称为"山居奇遇"。

　　有一天，一只小鸟飞进了他的工作室，等它想要飞走时，却"迷失"了方向，在梁上、天窗、门框间飞来飞去，竟因飞得急了，一下子撞到了门玻璃上，撞得还不轻。主人不知咋安抚到访的"贵

客"，又怕贸然靠近会惊吓到它，只能轻轻地把门打开，希望它情绪稳定时能从门口飞出去。过了半晌，沉浸在艺术创作中的主人已然忘记了"贵客"的存在，而鸟儿也不知什么时候飞得不见了踪影。

小松鼠经常来做客，在小院里跑来跑去，一会儿登高，一会儿爬低，有时还会跑到木架顶端，东瞅瞅西望望，毛茸茸的尾巴把铜铃弄得丁零零地响个不停。

"山居奇遇"不时发生着，给安静的小院增添了生机和生气，也激发着忠信的创作激情。他每天如坐禅一样在这里沉思，琢磨着他的创作。有时，老先生也会很懊恼，因为刻着刻着，作品马上要成形了，木头却裂了，无法补救，几个月的心血白费了，只好弃置重来。浮躁更是难以避免，线条虚实处理不当，不能恰到好处地表现作品的内涵，情绪因此会受影响，这时他就会警醒自己："静心些，刻下的每一刀都要切忌浮躁。"就这样，在常年的思考和实操中，他的木刻技法越来越娴熟，同时他也有了很多心得。在创作的同时，他甚至想写一本讲述木口木刻版画技法的书：这既是对自己技艺的总结，也可以留给后人借鉴。

他娴熟地握着手中的刻刀，在打磨得异常光滑细腻的黄杨木块上雕出一道道刀痕。那痕迹或深或浅，配合着木块天然的纹理，很快变成了鸟的毛羽或是小动物的发丝。在城里时，他的刻刀下是冰心、鲁迅、张爱玲，还有兵马俑、佛造像……自从来到了山坊，从他的刻刀下出来的是小鸟、小狗、猴子、猫咪……《麻雀荷花》《振翅》《黄骊鸟》《美人鱼》《秋冥》《蜻蜓》《布谷鸟的叫声》《芝加哥猫》《双鸟》《田野的精灵》《荷花翠鸟》《羽精灵》《打鱼郎》《得鱼图》《冠冕》《哺饲》《戴胜》《松间吟唱》等一批跟自然、跟生灵有关的木刻作品问世了……渐渐地，忠信的工作室也变成他的艺术作品展览室，几十年的心血陈列在屋子里，使整个屋子都散发着纸墨还有木头的味道，很是特别。

忠信的工作台非常"凌乱"，除了书籍、铅笔、刀具、木头，还有一块中间凹陷的月牙形磨刀石。刀钝了，他就在磨刀石上磨磨；眼累了，他就背着手在屋里四处踱踱，看看摆在墙上的那些作品。间歇，他就读读书，"活到老学到老"，这是他对自己的告诫，年轮可以增多，但思想不能僵化，更不能故步自封。

他一直在琢磨着《蓑翁对韵》的构思创意，这是一件颇费心思的作品。他想表达他在出世与入世之间寻找平衡的人生哲学。出世是境界，入世是责任。人要有责任也要有境界。二者结合，才是完美的。"孤舟蓑笠翁，独钓寒江雪"，寒江独钓的渔翁形象是他所喜欢的。漫天大雪，一艘孤单的小船停在几乎没有任何生命的地方，身披蓑衣的渔翁独自在大雪纷飞的江面上垂钓。在忠信看来，渔翁的孤独，是诗人

用废弃酒盒做的鸟屋

柳宗元傲岸清高的精神世界，带有一份卓然不群的倔强。厘清了思路后，他决定动手。

冬　至

自来山坊，关注日出成习惯。今冬至，一整天都在关注日出、日落。想起古民谣："日出而作，日落而息。"

——选自张忠信先生

2021 年 12 月 22 日日记

2021 年 12 月 22 日，冬至。

山丘不高，但仍有起伏，在冬天，没有了盛装的雕饰，山体的脉络和纹理清晰起来，也能显出苍茫辽远。

这一天，忠信很早就起来了。

一岁炎凉，南山的模样随着季节更替发生着变化，草长莺飞，花开花落，应时而变，像有一双神奇的手操纵着这一切。

人与自然走得越近，就越会遵循它的规律。

冬至这一天，老先生把安排时间的权力还给了太阳，实现了中国人一以贯之了两千多年的"日出而作，日落而息"。

天色微微亮，他就虔诚地站在石院里眺望南山，等待着太阳的升起。整个南山黑黢黢的，一时还看不清整体的轮廓。七点十分左右，太阳穿过南山东侧的微凹处，露头了，形状比往日更圆一些。然后，它慢慢地向正南方向移动，形状越来越大，与山的距离近了许多。

十六点零四分，太阳在南山西侧消失不见，落山的时间又提前了一点点。这一天，南山日出和日落的地点与前一日又有不同，起与落两点之间的直线距离也明显见短。

这是一年中白昼最短、黑夜最长的一天，而后此长彼消。从这一天起，冬天真正开始了。

东北的天确实太冷了。

厚厚的积雪覆盖大地，鸟儿们好像无处觅食了。忠信在院子里扫出一小块空地，撒上一些金黄色的小米。很快，麻雀飞过来了，喜鹊谨慎一些，只在树上张望。麻雀们吃饱了，扑棱一声，飞走了一片，过一会儿又呼地飞来一群。百鸟齐聚，叽叽喳喳，热闹的场面打破了冬日的萧瑟。

忠信领着欧丽在不远处静静地看着。不一会儿，欧丽也在雪地上撒起欢来，不时发出欢快的汪汪声。

冬至早上的日出

　　喂鸟，从冬至这一天开始，就会变成忠信的一项"工作"。他觉得，这些鸟儿既是大自然的一员，也是他作品中的重要"角色"，有它们出现的画面，总是充满了生机、真诚和温暖。

　　除了喂鸟，平时话很少的老先生，也要在这一天和夫人一起给儿孙和老友发去注意冬天保暖的提示和问候，还要特地在晚上用视频联系远在英国攻读博士学位的孙女。

　　"天时人事日相催，冬至阳生春又来。"

　　过了冬至，再过几天就是他的生日了。

　　每年生日的这一天张帆夫妇都会来到小院，有时还会带来他们的朋友，大家简单吃个饭，简单说句"生日快乐"，素秋每年都会为他画一幅祝寿图。当然，即使在生日这一天，他也不会放弃工作。和大家一起吃过午饭，在沙发上简单休息一下，他就会回到自己的工作室……

春　节

将《啄木鸟》刻完。给西邻胡贵写了对联、福字。

上午做一些杂事，下午刻虎，有进展。霍宗山、何永军、王建平微信拜年。我想起赠书票的名单：大连李天阁、张家瑞、北京李福天、张扬、张澈、朱红绫，上海邵黎阳、杨维莉、张黎、姜亦朋，通化张天录、霍宗山、奚锟琤、张达维、孙玮，厦门陈健。

晚，在素秋帮助下，将石院初十来客照片发到（通化）东昌区文化馆退休人员微信群里。

——选自张忠信先生

2021 年 2 月 11 日、2 月 13 日、2 月 22 日日记

2021 年的春节来临了。

忠信完成了《啄木鸟》的收尾工作，开始给邻居写春联、写"福"字，这是他自来到蚀木山坊，每年春节前都要做的事。

2 月 11 日，除夕。

下午张帆一家三口来了，一起来的，还有孙女的姥姥——这让老两口格外高兴。

晚上，小儿子张澈也从剧组赶过来了。小儿子在电视剧《人世

间》中担任美术，此剧的主要取景地正好在长春和白山，这一年里，小儿子常常忙里偷闲来陪陪父母。

小院一下子变得热闹起来。

乡居的新年，与城市不同，传统了很多：请财神、敬祖宗——这些忠信领着儿子们做的事情，今年则由儿子们领着孙女完成，一样也没落下，让在国外生活了多年的孙女感到既新奇又好玩儿。到了"发子"（一种在除夕接神或接去世先人"回家过年"的仪式）的时候，儿子们到外面放了一大挂鞭炮，然后回到屋里，大家围坐一桌吃饺子……在这个家人团聚的除夕，旧时的感觉又回来了。

大年初一。

吃过早饭，忠信又回到工作室。

今年正巧赶上孙女硕士毕业，秋天时才会回英国读博，难得能在国内住上整整一年。把电脑里的字号调大其实儿子也能做，但他还是叫来了孙女，他想跟孙女多聊一会儿。中间，二弟忠国打来了电话，兄弟二人互相拜年。八十二岁的忠国说他也想刻藏书票，忠国也是画了一辈子的油画。

大年初二，忠信继续刻未完成的《虎》。间歇，他想到应该给朋友们赠送一份藏书票作为新年礼物，于是伏案列了一个长长的名单。

这些朋友中，来自通化的占比最高。他在通化工作，那里的老朋友、老相识最多。另外一些来自全国各地，多是在藏书票上跟他有往来的人，有近几年认识的新朋友，也有已经认识了十几年的老朋友。忠信把这些人按照地区归类，让大儿媳小静帮着邮寄出去。有意思的是，上海那栏里，有二儿子和儿媳，北京那栏里，有三儿子和儿媳。老先生细心了一辈子。

春节之后，蚀木山坊安静了下来，忠信和素秋的生活又重新回到了日常。

由于疫情，2021年一整年，来访的客人少了很多，亲戚、朋友也只能在网上见面。年底，张帆接到了通化市美协一位负责人的电话，他们计划撰写一部《通化美术发展史》，向老先生约定采访时间。如今，在通化的美术界，忠信已是那一代成长起来的艺术工作者中年龄最长的人了，他见证了一个时代。无论是资历、造诣、成就、名望，都已让他成了一块珍贵的"活化石"。

采访的时间约定在第二年的三四月间。

2022年春节，《人间世》热播，可去年"小团圆"的场景却没能在蚀木山坊重现。二儿子一家在上海，三儿子一家在北京，孙女远在英国。到了三月份，因为突发疫情，吉林按下了暂停键，通化市美术协会的采访计划也不得不搁浅了……

两个月的"静默"虽然阻隔了人的脚步，却无法阻挡自然的转换，从白雪皑皑到草木初生，蚀木山房的景色从未停滞，忠信的刻刀也仍在移动。

张忠信写的春联

林素秋写的春联

春节来客

过往岁月

幼时的张忠信与祖父张绍周

张绍周先生手记

出　生

今天是 10 月 8 日，网上见到一张卡片《前途难卜》："陆上跑坦克，海上是军舰，空中是飞机，惶恐地迎来了 1937 年。"1937 年，也是我出生的年份。

——选自张忠信先生

2015 年 10 月 8 日日记

1937 年 1 月 5 日（冬月二十三），在黑龙江省富锦县（现为富锦市），一个小男婴呱呱落地。他的第一声啼哭，清脆而响亮，似乎带着刚刚来到人世的惊奇。

孩子的父亲有一份收入不错的工作，母亲是大家闺秀。在那个年头，能出生在这样的家庭无疑是幸运的。

孩子出生的消息很快被父亲写信告知给了远在山东的爷爷。没几天爷爷回信了，信中除了表达对张家喜添男丁感到格外高兴外，还特意给孩子起了一个名字——按照张家祖传下来的家谱排序，到孩子这一辈名字中间是个"忠"字，爷爷因此给孩子取名"忠信"，重忠诚和信誉之意。

孩子出生没多久，父亲工作变动，一家人由黑龙江迁往安东（现为丹东），这对张家来说是一件大事。

这一年，中国也发生了一件大事，7 月 7 日，日军在北平（今

年轻的张忠信

北京）西南卢沟桥制造了震惊中外的"卢沟桥事变"，全面侵华战争的序幕就此拉开。此时，东北的大片土地早已沦陷。1932年9月，在日本扶植下，傀儡"皇帝"溥仪在东北建立了伪满洲国。

此时，忠信的父亲却开始对佛教产生了越来越浓厚的兴趣。是他对现实过于失望想从佛教中寻找一份精神寄托，还是因为与佛家有缘，兴之所至，情之所归？个中原因，不得而知。

1941年，忠信的二弟来到了人间，取名忠国。

此时年方四岁的忠信，虽尚懵懂无知，但他对有了一个弟弟感到新奇和兴奋。

忠信家住在安东七道沟，当地的城隍庙西侧有一个菜市场，来自日本北海道的农妇会出售一种表皮覆盖着一层粳糠的腌渍白萝卜。这种萝卜吃起来酸酸甜甜的，给忠信留下了极深的印象。菜市场是主妇们光顾的地方，也是孩子们眼中最热闹的地方。

城隍庙前的广场很小，再往前就是一条路基很高的铁路，路下有个桥洞，也是广场的南出口。广场东侧有一片高墙，高墙里就是成记丝厂，那是忠信大伯的厂子。丹东有着两百多年的柞蚕养殖和缫制历史，有名的丝厂更是有十几家。只是很不幸，大伯过世了，

爷爷过来帮忙处理后事。

广场上的"打彩子"游戏最受孩子们欢迎。它的具体玩法是：卖家将一个大盒子分成许多小格子，每个格子里放一些糖果等小孩子喜欢的东西，上面再放一层纸遮住格子。玩游戏的人拿纸球掷格子，打中哪个，只要交五分钱，里面的东西就可以归自己。孩子们对格子中的东西充满好奇，争着抢着玩这个游戏。

忠信家的前院住着刘警尉和他的妻子，以及他们的女儿小玉。刘家的大狼狗极其威风，一度让他羡慕不已——他特别想养一只一样的狗。

妈妈常常抱着弟弟跟刘警尉的妻子唠嗑，虽然内容多是家长里短，但也有一些时事新闻。突然有一天，妈妈与刘警尉的妻子说起自己的丈夫，说着说着好像哭了。

"爸爸到底咋了？"忠信内心有了疑问，他默默观察着母亲，却不敢问……

离　　别

三点多醒来，电闪雷鸣。翻出几页速写，记录点滴往事，进而想到萝卜、弟弟、城隍庙、电车火花、山海关、爷爷、奶奶、母亲的信……

晚5点和忠发通话，本可以与静莲、焕芝妹妹在网上见面，错过了。我与忠俊、静莲、焕芝四人是爷爷给起的名字。

——选自张忠信先生

2017年8月12日、11月17日日记

1944年，忠信七周岁了。

看破红尘的父亲在这一年执意要出家为僧，并且去意坚决——原来母亲忧心重重地和刘警尉的妻子谈到的神秘话题就是这个。

大家无法劝阻住父亲。临行前，父亲对两个孩子做了这样的安排：老大忠信去山东的爷爷奶奶家，由爷爷奶奶及二叔照顾；老二忠国尚年幼，跟着母亲生活。

这个结果应该是父亲和母亲商量后决定的。两个孩子没法选择，只能听从安排。忠信舍不得母亲，但以母亲一人之力，在那个兵荒马乱的年头如何养活得了两个儿子？

二叔从山东赶了过来。

临走前，二叔领着他特意去了安东当地的一座寺庙。长大后，忠信觉得，大概二叔也无法理解兄长的做法，想亲眼看看那些僧人修行的地方，以求一答案吧。

告别了父亲，也告别了母亲和弟弟。七岁的忠信，像一叶浮萍，跟着二叔的脚步向着他只是听说却从没有去过的山东出发了。

张忠信的父亲张恩昌

忠信和二叔乘的火车到山海关时，从车下上来一帮警察模样的人，他们是伪满洲国的"海关"人员。再往前走，就不是"满洲国"，而是中华民国的地界了。这些人上车后对旅客的行李一通乱翻，如发现有人带了柞蚕丝、人参，立刻全部没收。那时的忠信不明白什么是海关，也不明白为什么不能带柞蚕丝和人参，更不明白为什么去爷爷家就叫"出国"？

他见到了想念的爷爷、奶奶，开始了和爷爷、奶奶、二叔、二婶共同生活的岁月。

爷爷奶奶对他很好，爷爷识文断字，对少年忠信给予了很多教育上的启蒙，二叔二婶也对他视若己出。

爷爷曾闯过关东，父亲和大伯之所以留在东北并在那里开枝散叶，都是爷爷闯关东结下的果。山东虽是张家的祖籍，但对一个孩子来说，有母亲的地方才是家。"想家"常常让少年忠信心绪惆怅，母亲现在怎么样了？她过得好吗？还有二弟，他长高了吗？

忠信时常能看到一些战时宣传单，因为识字不多，宣传单的内容他只能看个囫囵半片，但上面的插图却牢牢吸住了他的目光。那些插图客观上成了他的美术天赋的"激发者"，成了他学习绘画的启蒙老师。

二叔二婶的孩子们也陆续来到了人间。爷爷像当初给他起名字一样，给几个孩子分别起名忠俊、静莲、焕芝，其中只有"忠发"不是爷爷给起的。忠信很高兴，有了弟弟和妹妹，他渐渐喜欢上了乡下的生活。

藏书票作品《圣母子》

母　　亲

1945 年 8 月 15 日，作恶多端的日本鬼子投降了。想起王世惠讲的，他们一队学生从东江桥回通化，回来后才知小日本早已经投降了。

回忆一：大概是 1944 年的一次乡村集会上，有青年抗日先锋队喊抗日口号，跳跃，拔地而起，我当时是不到十岁的小孩，记忆至今。

回忆二：日本投降后，解放战争打起前，一架只在《清明上河图》上见过的前拉后推的架子车，载有铁匠炉的家什，给村人打制铁器工具。

——选自张忠信先生

2017 年 8 月 15 日、12 月 19 日日记

忠信被二叔接到山东的第二年，日本投降了。经过一场骨肉分离之苦，小忠信仿佛一夜之间长大了，变成了一个有心事的少年，对大人们的生活处境有了更深的了解。刚来不久，他在一场集会上听到了一首歌：

我的家在东北松花江上，

那里有森林煤矿，

还有那满山遍野的大豆高粱。

我的家在东北松花江上，

那里有我的同胞，

还有那衰老的爹娘。

……

哪年，哪月，

才能够回到我可爱的故乡？

……

小忠信听到那些青年唱到"爹娘啊，爹娘啊！什么时候才能欢聚在一堂"时，眼前摇动的都是爸爸、妈妈和弟弟的身影，眼泪止也止不住。后来，忠信知道了这首歌叫《松花江上》，是他出生的前一年，也就是1936年的初冬诞生的，唱的是东北同胞因日军侵略而被迫离开家乡的悲惨遭遇和思乡之情。

忠信还不能完全理解侵略、战争、傀儡这些陌生的词汇，但他已经有了更多的担心，母亲和弟弟还在日本人控制的"满洲国"里，父亲出家的寺院也在日本人控制的地盘里，他担心他们会遭到日本人的迫害。

1945年8月15日，日本投降！那一天，爷爷特意喝了酒。

很快，母亲的信就到了。信中讲了一喜一悲两件事，喜的是日本投降了，悲的是忠信的二舅病逝了，二舅的未婚妻闻讯殉情。忠信对二舅有着很深的感情，这个消息让他幼小的心灵又抽离了一回。多年后，他才知道原本就有病在身的二舅是因为遭到了国民党

兵的殴打，最后不治而亡。二舅的未婚妻是个烈性女子，竟以自杀的方式了结生命，令人震惊和惋惜。

日本投降了，老百姓终于可以过自己的安静日子了。村子里终于有了短暂的生气，走乡串屯的铁匠推着独轮车，吆喝着，给村民打制各种农具。那是一个热闹的场面，村民们聚拢来，张家要打把镰刀，李家要打把镐头，刘家要打把叉子……勉强对付了这么些年，日子有盼头了，总要添置几把像样的工具，这样才能把活干好。爷爷领着他，去打制了一把镰刀。村民们围着铁匠说说笑笑的场景，永远刻在了忠信的记忆深处。

藏书票作品《迁徙的大雁》

张忠信母亲曾经生活的王家堡村（六色水彩，绘于 1959 年）

奶　　奶

约七十五年前，祖母伤心地回忆起她的第一个儿子：他远远地坐在堤上听玉皇庙戏台上传来的唱戏声。没多久，他生病了，生命垂危时连说了几声"不行了，不行了"，然后就离去了……祖母对刚刚从关东归来的七岁长孙喃喃自语，这是她多么心痛而失落的家族往事。

——选自张忠信先生
2020 年 3 月 23 日日记

爷爷一家人都很能吃苦，爷爷是这个家的核心，也是这个家的主心骨。忠信佩服爷爷的学问，依恋奶奶的细腻，喜欢二叔二婶的乐观。

自从回到山东乡村，祖孙之间的感情变得浓郁而热烈起来，爷爷奶奶给了他安全感，他则给爷爷奶奶带来了快乐。

爷爷什么都好，读过书，有文化，写得一手好字，就是有一个爱喝酒的嗜好。爷爷喝酒的习惯据说是当年闯关东时养成的，大概因为背井离乡，加之日常劳作辛苦，东北又天寒地冻，所以酒成了最好的慰藉。

直到晚年，忠信依然能清晰地回忆起小时候寻找爷爷的情景。

那天天已经黑了，外出赶集的爷爷却迟迟未归，全家人担心他又喝醉了。奶奶站在村头，无数次向着远方张望；二叔则领着忠信沿着赶集的路去迎爷爷。土路两侧有壕沟，还有成排参差不齐的树，他们很害怕爷爷掉进沟里。天越来越黑，黑得几米远就看不见人了。二叔边走边焦急地喊着，他们既渴望听到爷爷的一声回应，又害怕这声回应从壕沟里传出。

直到迎出了两三里地，他俩才终于看到了一个挑着担子的身影正摇摇晃晃地走来。正是爷爷，他果然喝醉了！二叔接过担子，忠信拽着爷爷的手向家的方向走去。回到家后他们才发现，打油的罐子沾满了土，原来爷爷把油罐弄倒了，洒了好些油，这让奶奶很是心疼。

这段山东岁月，对于少年忠信来说既丰富了他的人生，又让他获得了更多的亲情。奶奶和二婶在忠信的生活中充当了母亲的角色，给了小忠信母亲般的温暖和疼爱。

母亲时常写信给他，他从信中知道母亲已经带着二弟回到了通化的娘家，一切安好，弟弟也早已知道哥哥的存在，每天都在念叨着哥哥，日思夜盼地要与哥哥见面。日本投降了，但没多久东北瞬间成了国共两党争夺的战略要地。他盼着战争早点儿结束，那样他就能看到远在东北的亲人们了。

1948 年 10 月，长春解放。

他可以回东北了？他要回东北了！

东　　北

早1点20分醒来，忆起50年代刚来东北，王家堡子、老姨、姥姥、大神、铡刀、苞米仓、夜、土匪黑话、弟弟捞的小鱼、姥姥炸的鱼酱。

——选自张忠信先生

2018年1月7日日记

忠信十三岁，已经在山东生活了五年。这五年里，他在乡村学校就读，已能顺畅地读信和写信了。因为读书认真，他的文化底子很扎实，这对他的一生都有着积极的影响。

忠信想要回东北看一看的愿望越发强烈了。

在他的记忆里，母亲与弟弟还是他离开安东时的样子，现在弟弟已是九岁的少年了，他还能认得出来吗？母亲变了吗？寺里的父亲呢？

爷爷告诉他一个令人兴奋的消息：父亲还俗了，落脚在通化。爷爷还告诉他，父亲希望他回到东北，一家团聚！

1950年的秋天，忠信告别了爷爷、奶奶和二婶，仍由二叔带着，踏上了返回东北的路程。

六年前，是二叔去安东接的他，那时他怀着沉重的心情跟二叔踏上了进关的火车；六年后，还是二叔陪着他，这一次，他踏上的是出关的火车。他的个子已比六年前高了很大一截，已然是一个大孩子了……到了山海关，没有"海关"人员上车检查，火车上的售票员、乘务长穿的衣服也与六年前不一样了。

家乡的风景油画

时值抗美援朝战争爆发，火车站里贴满了诸如"抗美援朝、保家卫国"之类的标语。当时的忠信还不知道，集安与朝鲜隔江相望，近在咫尺。

终于见到了想念已久的父亲、母亲还有弟弟，也许他背诵过的杜甫这首诗更能表达他此刻的心情吧："世乱遭飘荡，生还偶然遂。邻人满墙头，感叹亦唏嘘。夜阑更秉烛，相对如梦寐。"

忠信进入通化大泉眼初中学习，此前，他在山东读完了六年高小。父亲安排他住在大泉眼供销社，供销社有油坊，他和那些榨油的工人们同吃同睡。

仅仅过了一个月，忠信接闻噩耗，母亲病逝。他眼前的天忽然就塌了。

没能最后看一眼母亲成为忠信永远的遗憾。

正是在大泉眼初中读书期间，忠信逐渐表现出了在艺术上的天赋。他时常拿着铅笔在草纸上惟妙惟肖地临摹课本里的插图。很快，老师也发现了他这方面的特长，认为这个孩子有当画家的潜质，凡写写画画的任务就都交给他来做。

他拥有一双善于观察和发现的眼睛。

他喜欢看周围的山，那些山一座挨着一座，连绵逶迤，有的像飞腾的龙，有的像俯卧的牛，有的线条优美犹如少女。他也喜欢静静流淌的水，哈尼河里的鱼时常在河水很浅的地方穿行，忽而啪地跃出水面，忽而嗖地消失在水中。

忠信在空闲时爱去闻山里的植物。每种植物都有自己独特的味道，这些味道混杂在一起，辨识不清源头，却让人依恋。

这山、这水、这物，成了他画中的世界。

半拉背村景（六色水彩，创作于 20 世纪 50 年代）

大　学

　　见蜻蜓落在竹竿尖上，有五只。"小荷才露尖尖角，早有蜻蜓立上头。"

——选自张忠信先生

2017 年 8 月 8 日日记

　　1954 年，十七岁的忠信初中毕业，成了通化县英额布半拉背小学的一名新老师。英额布为满语。

　　学校安排他担任小学一年级的班主任，语文、数学、美术、体育，都由他这个班主任来教。

　　瘦瘦的忠信带着几分腼腆登上了三尺讲台。虽然年龄不大，但人生经历让他显得少年老成。班里孩子的年龄基本都在十岁以上，有的甚至达到了十三四岁，兄弟、姐弟同班的也有好几个。这些孩子平时都散漫惯了，来学校不过是想认识几个"庄稼字"，学会简单的加减乘除，好在成家过日子时用得上。

　　这种情况对于还没有教学经验的十七岁老师来说，是一个很大的挑战。

　　有一对兄弟，哥哥经常在课堂上捣乱，弟弟则表现安静。忠信是一个一丝不苟的人，也有一股迎难而上的劲儿。他没有以老师的"权威"管教"刺头"哥哥，而是把管理权交给了弟弟。弟弟确实

家乡的风景油画

很卖力，只要哥哥捣乱，他就会及时制止。这让哥哥觉得很没有面子，本该是他给弟弟做榜样，可现在却让弟弟"抢了头功"。忠信还告诉弟弟，不要告诉父母这个"管理"哥哥的秘密，以免哥哥难堪。这种细微处的尊重和爱护，也让哥哥对这位年轻的老师逐渐佩服起来。

因为授课的缘故，忠信接触到的美术资料和信息明显比以前多了。那些水彩画让他眼前一亮，他琢磨着画中的构图以及水彩的特殊表现方式。他很快买回来一些颜料，自行调配，经过一番研究和尝试之后，开始画他熟悉的山、水、村庄和孩童。就这样白天教学，晚上作画，他的绘画技艺大有长进。

当时，他班上有一个叫倪友芝的"大龄"女学生，已经十五六岁了，本来是陪着弟弟来上学的，没想到自己却被老师的画吸引了。她后来在剪纸艺术上用功颇深，作品还参加过全国性的展览，是国家级非遗文化传承人。

两年后，通化市出台了一项政策，准许小学老师考大学，但必须是师范类学校。忠信符合报考的条件。一直以来，他完全是凭着感觉，摸索着创作，他想专业学习美术，他渴望有深造的机会。

他报考了吉林师专的美术系。

整个通化市只有三个人符合条件并参加了考试。不久从教育局传来消息，说三个人都考上了，可奇怪的是，另两个人接到了参加美术加试的通知，而他没有。他到教育局询问，原来，他的入学通知书已经来了，但录取的专业不是美术而是中文。

"我报考的是美术专业，录取的咋能是中文专业呢？是不是学校弄错了？"

"你报的是美术专业，但局里认为你报中文专业更合适，帮你改了志愿。通化缺少中文专业的大学生。"教育局的人核实后给了他这样的答复。

这个消息不啻五雷轰顶，他很无奈，很无助，很愤懑。他无法认同这种包办式的报考和这种不经本人同意擅作主张的做法。

思考再三，他最终还是放弃了这次读大学的机会，不是中文专业不好，而是他认为如果自己去学了中文，就要挤掉大量画画的时间，对绘画的热爱就可能因此被消靡。最终的结果，中文没学好，美术也荒废了。

但是，他任教的小学已经找到了顶替他的新老师——大学没读成，他也不能再当他的小学老师了……

张忠信、张忠国、张忠俊（表弟）
三兄弟跨越近七十年的合影

瘦　马

　　我该刻两张书票。一为唐·吉诃德和瘦马风车，一为杨绛。一提起唐·吉诃德便想起巴里·莫泽尔的画。50年代末，我到中学教美术，瘦瘦的，被同事讥为唐·吉诃德。今天想刻唐·吉诃德，也是可笑。

——选自张忠信先生

2016年5月25日日记

　　忠信放弃了到吉林师专读中文系的机会，也阴差阳错地失去了小学老师的身份，命运仿佛在刹那间连续开了两个始料不及的玩笑。

　　可就在这个当儿，一个新的机会出现了。他曾经就读的大泉眼中学一位姓丁的老师向校长推荐他做美术教师，原因是这位丁老师一直想去教语文，却苦于没有人来替换他教美术。通化很小，忠信会画画这个事，很多人是知道的。尤其是他考上了大学中文系却没有去读，这件事多少有一点儿小轰动。

　　1956年，于忠信来说是一个多事之秋。这一年他原本应该成为吉林师专校园里的大学生，可是最终却阴差阳错地成了通化市大泉眼中学的美术老师。没能到大学读美术专业是遗憾的，但成了美术老师也让他很满足。这一年，忠信十九岁，美术成了他工作和生活的全部。教中学生画画，他比以前更加投入和认真。

那段日子对高高瘦瘦的忠信来说是幸福而美好的，学校是一方净土，让人沉静。除了上课，他就在办公室研磨绘画，粉笔、铅笔、水彩笔……凡是他能找到的都拿来试一试。他研习素描，画水彩画，也千方百计找来一些跟美术有关的书来读。

闲下来的时候，他就拿着画架、铅笔在校园里写生：一草一木，一砖一瓦，一桌一椅，一石一鸟，他的学生、同事，混在草中发黄的小花、生了锈的篮球架……都是他描摹的对象。

有一天他读到了一篇介绍凡高的文章，这是他第一次了解"油画"这个概念。看着凡高的那幅《向日葵》，这位痴迷绘画艺术、但还没有受过专业训练的年轻美术老师心中涌出了一阵狂喜。他喜欢，却又望而生畏，他还说不出其中的门道。

20世纪50年代，忠信的同事们都很喜欢看伍实翻译的《吉诃德先生传》。读骑士小说入迷的没落绅士吉哈达，自号唐·吉诃德，试图用虚幻的骑士之道还世界以公正与太平，他雇请邻居农夫桑丘·潘萨作为侍从，先后三次骑着瘦瘦的老马出外行侠，经历了风车大战、英雄救美、客栈奇遇、恶斗群羊、挑战雄狮等奇特事件。他不断被人捉弄，屡遭惨败，直至临终之前才幡然醒悟。

唐·吉诃德是一位悲剧性的文学人物，他有滑稽可笑的一面，也有着为理想道义而战的另一面。他是一个旷世的孤独者，也是一位不朽的理想主义者。

忠信痴迷绘画，在别人看来，他那高高瘦瘦的形象还有沉迷艺术创作的状态，加上写生时背着的犹如瘦马一样的画架，活脱脱就是现实版的唐·吉诃德。

这个"孤独骑士"的画越来越多：大泉眼中学校园的宣传廊里有他的画，通化县各个部门组织的画展里有他的画，通化市组织的美术展览上也有他的画……

山城渐渐知道了这个唐·吉诃德式的美术老师。

年轻时的张忠信随时随地描绘他感兴趣的事物

山　村

晨，醒得早。想起县美展（在大泉眼中学）下放干部蒋健的版画。1959年，我的木刻作品《老工人》参加了东三省美展。想起邵玉杰的套色木刻和黎平、关宝琮的壁画。

——选自张忠信先生
2018年4月4日日记

张忠信年轻时的工作照

1959年，有两件事让忠信拥有了满满的收获感。这两件事都与画展有关。

一件事是一位叫蒋健的干部被下放到了通化。那一年的通化县美展在大泉眼中学举行，蒋健的版画出现在这次美展上，他记住了这位中央美术学院毕业的蒋健先生。

从没有得到过名师指点，一切靠自悟，并在山城有了一定知名度的忠信，也会应邀参加很多与绘画相关的活动，他很珍惜这样的交流和学习机会。尤其像蒋健先生的这幅版画，能在通化展出，对于忠信来说，是在特殊时代里特殊政策下的

1960 年出版的《吉林画选》是吉林省第一本美术类画册

张忠信的《山村》（六色水彩）

偏得。

"东坡不幸儋州幸"，下放，对于蒋健来说是不幸的，但对通化的艺术界却是一件幸事。

另一件事，是中国美术家协会吉林分会举办了一场绘画作品征集活动。忠信寄去了两幅水彩画。这两幅作品都取材于他日常所见的景象，一幅描绘的是层峦叠嶂的山，远山里有云，山下有宽阔的河，整幅画意境高远辽阔；另一幅描绘的是苍松翠柏下的村庄，拱形的起脊房一座连着一座，门前的木障子清晰可见，乡村旺盛的生命力扑面而来。这两幅画真实地再现了当时的山城，它们一个描摹了山，一个展现了村，合起来就是山村的全貌，于是他给这两幅作品起了一个共同的名字——"山村"。

其实，忠信邮寄画作的目的只是参与，他知道自己是一个没有受过专业训练的美术老师，走的是自己摸索的"野路子"，他特别希望能有专家对他作品中的缺点和优长给予批评和指点，以利精进自己的绘画技艺。出乎意料的是，他接到了美协的通知，《山村》获奖了，专家还给予了很高的评价。

不久，一本装帧精美、封皮贴着一层绸布的画册从省城邮寄到了学校，装着画册的牛皮袋子上赫然写着"张忠信收"。打开牛皮袋，忠信首先看到了画册封面上金黄色的四个大字"吉林画选"，底部还有一行金黄色的小字"中国美术家协会吉林分会"，他用手不断摩挲着那几个大字……

六十年后，这本《吉林画选》早已泛黄，每一页上的图画都已失去了曾经的光艳，静静地躺在蚀木山坊的书架里，像老朋友一样。

先　　生

　　记得靳老师说起普拉斯托夫的画，说喜欢到心里去了。是说这画家的画作在心里引起了共鸣。为什么普氏就能引起靳老师的共鸣，令他由衷地喜欢？这是我从未想过的一个问题，应当深入追问。

　　在网上下载了一些靳之林老师五六十年代的画，有二十幅。是过去没有看到的。

——选自张忠信先生

2020 年 3 月 1 日、3 月 6 日日记

　　1960 年，忠信的人生轨迹又有了一次变化。

　　这一年，通化师范学校成立了两个美术班，一个是纯粹的美术班，三年时间都用来学习专业课程；另一个是师范班，学生到三年级的时候才学习专业课程，又

靳之林先生

称三年级美术班。美术班成立了，可是教美术的老师不够，教务处四处网罗，他们想到了大泉眼中学的美术老师张忠信。

《远眺长白山》纸本

就这样，忠信告别了大泉眼中学，被调到了通化师范学校任教。

不是科班出身，没有得到过专业美术学校的训练，这一直是忠信心中的一个结，一个很长时间都过不去的坎。就像朱自清在清华大学任教时，面对那些留过洋或有着高文凭的同事，始终不自信一样，唯一能做到的就是不断努力，不断精进，不断取得新的成就。

初来任教，忠信教的是水彩画，也会讲一讲版画，另一位名叫李子喻的老师教国画。初登学院的讲台，忠信免不了惶恐和紧张，与中学生相比，师范生已经有了一定的美术基础，这种扑面而来的压力迫使他更加努力。

同事李子喻是一位在事业上孜孜以求的人，他的国画创作理念和技法也影响了忠信。李子喻最喜欢《千里江山图》和《富春山居图》，前者出自十八岁的北宋少年王希孟，后者出自八十岁的元朝老者黄公望，前者画中显露的是举世无双的才华，后者画中蕴藏的是阅尽沧桑的朴素。在彼此的相互交流和感染下，忠信收获良多，二人也因此建立了良好的友谊。

在授课的同时，忠信还坚持着油画创作和学习。想好作品的尺寸，选择木料制成画框，绷上画布，不厌其烦地一层层地涂刷底料，用松节油调和普蓝起稿，物象一点点地浮现出来。等单色的素描稿基本定型，调色板上挤好的颜料早已按长期养成的习惯排列好，油壶中的亚麻仁油和松节油也按习惯的比例兑好，用热肥皂水洗好的油画笔充满了弹力。颜色的调和考验着一个画家多年的功力，最后的结果取决于画家的信心是否充沛以及哪种秘传心法恰在此时浮现心头。

靳之林先生为学生做的示范写生（照片由张忠国先生提供）

靳之林先生为创作《南泥湾》以张忠国为模特画的油画小稿

油画在当时比版画还小众。由于没有老师，资料也有限，忠信对油画创作的理解还是碎片化的，作品在形式上具备了油画的特征，但在很多细节方面还不专业。这种凭着自我感觉创作出的作品，也被同行们戏称为"土油画"。

但转机突然就出现了。

1961年，为支援东北文化建设，从中央美术学院毕业后留校任教并参与组建绘画系、油画系、民间艺术系与民间美术研究室的靳之林被组织调往吉林艺专（吉林艺术学院的前身）工作。靳之林的油画自成风格，不是极度的写实，也不是天马行空的挥洒，而是介于两者之间的写意，似乎能让人感受到一股悠远的诗意从画中迎面扑来。他创作的革命历史题材油画《南泥湾》被誉为"新中国现实主义美术里程碑式的作品"。

同样在这一年，忠信的二弟忠国考上了吉林艺专，幸运地成了靳之林的学生，忠国在信中迫不及待地将这个消息告诉了哥哥。1961年的寒假，忠信满怀虔诚，忐忑地前往吉林艺专拜访靳之林。因为有二弟忠国的推荐和引领，靳之林接待了这位来自山城的美术老师。那天，二十四岁的忠信一身土布衣服，风尘仆仆，带着自己的一些油画作品，腼腆地站在这位"真神"面前，等待着指点。

靳之林很随和，他对忠信作品的表现风格给予了肯定，同时也指出了不足，解开了长久以来忠信在油画创作上的诸多困惑。

从此之后，忠信就成了靳之林的编外学生。每逢假期，他都会来到艺专找靳老师学习，靳老师也很喜欢这个勤奋、好学、有悟性的学生，有时到长白林海写生也会叫上忠信。成为靳之林先生的学生，弥补了忠信这些年一直没有名师指点的遗憾，他的创作也迈上

了专业之路。

　　他们年龄相差九岁，当时一个二十多岁，一个三十多岁，都是年轻充满活力的年龄。后来的六十年间，忠信与靳之林一直保持着来往，并且在艺术上追随了先生一生。

　　2018 年 12 月 9 日，靳之林先生逝世。

　　时至今日，忠信的脑海中仍时常回响起先生的教诲，他仍以先生曾经说过的话来检视自己当下的艺术创作态度。

逆光的自画像

20 世纪 50 年代到 60 年代，张忠信走遍了家乡的山山水水，画了几百幅纸本油画。
作品质朴而灵动，体现了他的一颗赤子之心。

《眷恋》小稿（纸本油画）

眷 恋

晨，醒来。总是想这想那，想那些经历过的事。大事、小事，微不足道的事。有些该记下来。

早饭后到蚀木山坊烧水，泡一杯苦咖啡。

——选自张忠信先生

2017 年 9 月 17 日日记

1962 年，忠信经历了一场生离死别。

这一年，运动的风浪也波及了忠信，但他始终没有放弃绘画，没有放弃对学生的爱护，依然坚持向在吉林艺专工作的老师靳之林学习、请教。只不过，他变得更加少言，更加谨小慎微。

那一年的秋天，他感到自己的身体出现了异样，他时常低烧，有时还伴随着乏力。开始他没有在意，以为是感冒，或是心情紧张。但是情况却越来越严重，他开始咳嗽，身体愈发消瘦。

在同事和亲人的催促下，他到医院做了检查。

他得了肺结核。

肺结核，又名"肺痨"，曾是不治之症，古代医学典籍曾记载有患者满门全无幸存，以至"绝户"。到了 20 世纪 60 年代，肺结核仍旧是严重威胁中国人生命的传染病之一，得上它，几乎就是得上了绝症。

他才刚刚二十五岁……

夜深人静时，忠信常常辗转反侧，浮想联翩。

他想到了山东的二叔、二婶，想到了父亲，想到了已经去世的母亲，想到了二弟，也想到了他的学生们，从此以后，他可能做不了他们的老师了。他又想到了林素秋，如果她能收敛点锋芒和叛逆，说不定能成为有大出息的人……

百感交集的忠信决定以一种特别的方式表达他对短暂生命的珍视：他要沿着山城，沿着绵延不绝的哈尼河还有浑江走一走，用他手中的画笔记录下一草一木、山川江河，还有与山水相伴的各种生灵……

备好画板，准备好画笔还有纸张，忠信出发了。一眼望去，起伏的山峦早已五彩斑斓，又到了"五花山"的季节呀！白的是岳桦，青的是红松，金黄的是落叶松，鲜红的是枫树……山可以如此壮观和绚烂，人呢？

忠信每天按时吃药，也按时走出家门，沿着那些熟悉的路——曾经多少次写过生的路，一路走一路画，想把眼前的一切都留存在画纸上。有一天他可能就不在了，但这些画还在。亲人也好，朋友也罢，有谁想他了，就看一看他留下的画……他画那不算巍峨但却起伏有致的山，画静静流淌的河水，画不远处连绵不断的电线杆，画落在残枝上、张开翅膀等着伴侣前来会合的蜻蜓……他想把最后的生命气息留给熟悉的土地。

在大山的脚下，在大河的岸边，他时走时坐，静静感受山水的空灵、草木的荣枯、鱼儿的欢快，感知着山水和生灵的温度，他忘了自己是个得了"绝症"的"将死"之人。

一个月，他用脚丈量了山城，用画记录了山城，他的病症似乎并没有加重。

1963年的脚步近了，他的病竟在春天来临的时候渐渐好转。医生也给了明确的答复，他的病就要痊愈了。

经历了这场"生离死别"，忠信对生命多了一层敬意。他一直想创作一幅油画，把自己对世界的不舍和对生命的眷恋表达出来，纪念那段刻骨铭心的绝望岁月。最终完成这一想法，他用了将近二十年。

1980年的深秋，他布好画布，挤好颜料，动笔了。感情的闸门在动笔那一刹那完全打开了：夕阳的余晖从远处洒下，将层层叠叠、起起伏伏的群山染成了红色。群山下，安静的村庄里只有土坯墙和三角屋顶星星点点地显露出来。山前，是一排高高竖起的木质电线杆，横空穿过的电线上落满了形态各异的燕子，一只挨着一只，等待着南飞的时刻……

张忠信年轻时的自画像

不知为何，这幅名为《眷恋》的作品，让他在停笔的那一刻，眼里噙满了泪水。

在他创作《眷恋》的20世纪80年代，东北的油画创作进入了蓬勃发展期，涌现出一批富有才华和个性的青年画家，宫立龙、韦尔申、贾涤非、赵开坤等一批美术学院的一线教师创作出了富有地域特色和艺术个性的作品，频频在全国性的美术大展中获奖，逐渐成为备受艺术界关注的美术现象。1986年，东北三省的美术协会联合举办了一场名为"啊，东北"的油画作品展。

2020年的秋天，张帆的一位朋友到访蚀木山坊，无意中发现了那幅《眷恋》。朋友激动地告诉张帆，他在《啊，东北》油画展上见到过这幅画，当时印象极为深刻，没想到三十多年后，他竟然又重新见到了，而且作者居然是好友的老父亲……

这幅浸染着忠信那段特殊生命历程的《眷恋》也跟着他从山城通化来到了蚀木山坊。画布上蒙了一层灰尘，画框微微开裂，颜色也已斑驳，但那红彤彤的山体依然清晰可见。还有落满电线的燕子，神态依然故我。

眷恋

好　友

亚楠、素秋在网上都下载了南仁东的消息。

网上有南仁东的清晰的像，我流泪了。

找到南仁东送我的俄文版画册，封底上还留有他手绘的家具图。刻一小版画，今年就着手。

——选自张忠信先生

2017 年 9 月 23 日、24 日，2018 年 1 月 17 日日记

忠信与南仁东有过一段不浅的友谊。

从清华大学无线电系毕业分配到通化无线电厂工作的南仁东因绘画与忠信结识。忠信直到现在还保留着南仁东送他的礼物：一张南仁东的肖像照和一本苏联著名风景画大师波列诺夫的画册。照片和画册都是黑白的。南仁东很喜欢其中的一幅画，一池潭水静静地依傍着森林，栈桥后的小路伸展进幽深的林中，一个年轻的女性若隐若现……一次在与忠信交流切磋时，南仁东曾默画过这幅画，表达与原画无二。他说画的意境深远，会引起人的无限遐想。

同年，忠信的肺结核痊愈。

这一年，素秋那届学生毕业了，此后通化师范学校美术班不再

招生，忠信突然"英雄无用武之地"。恰在此时，通化市文化馆因为缺少宣传员，向他伸出了橄榄枝。

忠信在文化馆主要负责宣传廊的相关工作。这项工作对于他来说没有难度，不仅可以更加精进绘画技巧，也让他有了更多的时间从事创作。

张忠信至今珍藏着南仁东赠送给他的书

几年后，南仁东在辽源读书时的老师袁承维恰好被调到了通化一中工作。袁承维是山城的才子，为国家培养了很多栋梁之材，当然，也包括他的儿子，他的大儿子袁家军曾担任神舟飞船系统总指挥。因为写得一手好文章，袁承维成了政府宣讲团成员，也因此与忠信成了很好的朋友。

工作之余，三人时常联系，南仁东很喜欢和忠信切磋绘画技法。

1971，张帆五岁了，已经显露出绘画的天赋，家里满屋满墙都是他乱贴乱涂的画。一天，南仁东恰好骑着自行车到访，看了墙上的画，认为一个五岁的孩子能把父母画得有模有样，绘画天赋不一般，还为此特意夸赞了孩子。

那天，忠信与南仁东聊得很尽兴，他们从素描聊到了水彩，又聊到油画、国画。聊着聊着，半晌过去了。南仁东突然想起自己还

有事，起身向忠信辞行，却突然发现，自行车上的新裤子不翼而飞了。原来南仁东在来忠信家前，顺道在商店买了两条裤子，把裤子往车后架上一夹，停好自行车就进了屋……

那是 20 世纪 70 年代，他们的工资也就是二十几块钱，即使南仁东工资会高些，也就三十几块钱。在当时来说，两条裤子是大件了。也正因如此，五十多年过去了，忠信还记得南仁东丢失的那两条裤子。

南仁东小忠信十岁。

2017 年 9 月 15 日，南仁东病逝，享年七十二岁。

忠信为南仁东刻了一张版画，还没最后完成，他想以此表达对老友的怀念和敬意，也以此作为对那段山城岁月的永久铭记。

《长满杂草的池塘》（1879）瓦西里·德米特里耶维奇·波列诺夫

南仁东给张忠信的画册还是黑白的，他照此临摹数次，以至不看画册也能画得来

天池采风（张忠信前排右二）

林区写生（张忠信右二）

文化馆同事（张忠信右三）

张忠信的速写本中记录着曾经的同事、朋友，个个惟妙惟肖，把人带入几十年前的情境之中

老友来访

老朋友奚克特里·韫玎来访，张忠信决定给他刻一枚书票。第二年，书票完成，无奈奚先生已辞世

执子之手

素　秋

明天张澈要来。素秋买下两只鸡。想起"故人俱鸡黍，约我至田家"的诗句。

在网上看到了《百年通化》里提到的那张在西山拍的有李子喻的照片。我找出多年前写的一篇与照片有关的文字。该给张澈看看。

——选自张忠信先生
2018 年 8 月 18 日、2019 年 2 月 6 日日记

1961 年 9 月，通化师范学校开学，美术专业的中师班来了一名学生，名叫林素秋。

十七岁的林素秋，梳着两条长长的辫子，虽然鼻梁上的近视镜片厚厚的，可仍然遮不住一双清澈如水的大眼睛，浑身上下透着机灵。

当时，学校师资稀缺，除了美术课，这个班的其他课程，甚至是课外活动，也多由忠信代劳。后来，教国画的李子喻老师也调去了吉林艺专，更多的教学任务都压在了忠信一个人肩上。由于代的课多，加之忠信当时的年纪也不大，他很快跟学生们熟悉起来。时间久了，他竟成了学生们眼中的兄长。

开学没多久，忠信就对有点调皮的学生林素秋印象颇深，他们之间的"反差"实在是太大了。

忠信的教学风格一向严肃，按部就班，平时在学生面前也不苟言笑，加之他在专业课上对学生近乎严苛的要求使大多数学生对他十分敬畏。在学生眼中，只有二十几岁的老师俨然是一位须发皆白的夫子，那双经过专业"熏染"的眼睛，似乎可以精准地"定位"学生习作中所有的问题。

林素秋日常的行事风格正好与忠信相反。她性格里好像带着与生俱来的叛逆，凡事总爱"横生枝节"，在常规之外，生出许多奇思妙想。尤其是在课堂上，她的灵感往往像肆意生长枝丫的小树苗，枝影横斜，有些想法，竟让在绘画上"循规蹈矩"地"进步"了多年的忠信暗生敬意。

年轻时的林素秋

天分颇高的素秋进步很快，也得到了老师格外的爱护。对于老师在专业课方面的提点和纠正，素秋的表现往往让忠信哭笑不得，她会一边对老师说"老师，我错了"，一边用眼神告诉老师"老师，我不服"……

在忠信眼中，这个学生的才华让他欣赏，她的身世也让他有种同病相怜的感触，听说素秋的母亲是她的继母。

在素秋眼中，忠信在专业课上的造诣是"权威"的，熟悉的山城，熟悉的山山水水，在老师的笔下却更灵秀、更震撼。在日复一

林素秋的毕业照

日对老师作品的"慢斟细饮"中，素秋好像读到了老师的内心：丰富、敏锐、温情，与他在日常接触中表现出的拘谨、木讷截然不同，这也让她对老师的情感悄悄地起了变化……

1963年，素秋毕业，被分配到通化三中，当了一名老师；不久后，又被调到通化团县委少年之家工作。这时，忠信的肺结核也已痊愈。

1964年，他们再次见面。

素秋主动联系了忠信，她说自己有一个宣传任务，想请老师帮帮忙，"理由"很"充分"：自己对这幅画的创意还很模糊，想听听老师的建议。这一场景和语气一如当年她在课上课下缠着老师时一样，令忠信无法拒绝。

这一年，素秋二十岁，忠信二十七岁。为了这一刻，其实素秋已经等了三年。这一次的重逢，让两个人终于手牵着手，走到了一起。

夜，灯下，忠信画了一张素描：神态顽皮的素秋正坐在椅子上，鼻梁上架着那副厚厚的眼镜，两条整齐的长辫子自然垂在胸前，双腿上横放着一张画纸，手中握着一支画笔，正在作画。在画的左侧，忠信写下了一行娟秀的数字：1964.9.16。

执　手

室外温度比昨儿高，是一个晴朗的冬日。素秋九时许在室外拍了庭院的一角。有小花与小黑争食。

刻《枝头在曲》，能做到有条不紊。素秋帮我把要刻的资料都集中在一起，这样查找更方便了。

——选自张忠信先生

2018 年 12 月 1 日、2017 年 5 月 4 日日记

1966 年初，忠信三十岁，素秋二十三岁，他们已经热恋两年了。人生的下一个阶段——结婚，就这样水到渠成了。

在那个物质并不充裕的年代，一切仪式都是简单而朴素的：通化郊区一间只有一个天窗的小房子，成了他们的婚房。除了绘画工具和材料，家用的物什只有床、铺盖和锅碗瓢盆，最奢侈的物件，竟是那个时代特有的、印着大大的"喜"字的红色暖瓶。

虽已是早春时分，可东北的天气仍旧凛冽得"感天动地"，新房房顶的四角，还倔强地结着厚厚的白霜。

山城的节气春秋轮转，循环往复，"年年岁岁花相似"，可在这对画家夫妇眼中，却已经"岁岁年年人不同"了。岁月往复的痕迹，万事万物积累出的厚重感，悄然无声地刻在他们的眼里，展现

结婚证

在他们的笔下。

以后，这间斗室，除了绘画颜料、纸笔油布，也将会有越来越浓郁的烟火气息。

早晨，他们各自从"斗室"出发：忠信去往文化馆，素秋去往少年之家。山城的面积不大，街道也很窄。当时，这座东北小城还没有几辆汽车，破旧的柏油路上，马、驴等畜力车还是运输的主力，整个山城只有 1958 年开设的一条公交线，人也主要依靠步行。一路上，随处可见一群群飞翔跳跃的麻雀，它们忽地落在前面不远处，又忽地在人走近时飞走……

下班，他们分别从单位出发，但到家的时间却"参差不齐"。一个人回得晚了，另一个就忙活着做饭，等着她或他归来。有时，一个土豆皮还没有削完，另一个人就回来了。由于条件艰苦，他们的饭菜很简单，因为要挤出钱来买纸买笔买书，他们只能算计着吃，以免到了月底饿了肚子。默契的生活习惯和方式，悄悄地形成了：挑水担煤，是忠信的任务；洗衣做饭，则多由素秋"承包"。条件慢慢好起来之后，这个"分工"，大体上也没有变过。

在生活上，两人是夫妻，可在绘画上，素秋依然觉得自己还是

张忠信夫妇 1966 年的合影

张忠信夫妇 2021 年的合影

忠信的学生。在忠信拿起画笔时，她总愿意帮着打打下手，而忠信也还是会习惯性地对妻子的绘画进行"指点"。当然，素秋也仍旧保留着当年"别出心裁"的习惯——画着画着，兴之所至，就会"打破"规则，信马由缰。这个时候，忠信就仿佛回到了课堂，只不过，再纠正起来，已然不似老师对学生那般严厉了。

红　缨

1966 年 9 月 12 日，那天早晨素秋还在大铝盆里洗衣服。之后就去上班了。下班前，觉得不适，被柴大姐送到医院产房。21 时许就生下取名"红缨"的小男孩。后来就回到那个只有小天窗的小黑屋子。一家。我和素秋做了爸爸妈妈。

——选自张忠信先生

2019 年 9 月 12 日日记

婚后不久，素秋怀孕了。

1966 年 9 月 12 日，他们的第一个孩子降生，取名"红缨"。

这个名字带着鲜明的时代特色，跟"建国""援朝""跃进""卫东""向阳"等名字一样，成为时代的标记。

初为人父人母，他们还有些不适应。看着那个鲜活、可爱的生命，听着每一声清亮的啼哭，他们还有些恍惚。

三口之家的新生活开启，此时，秋高气爽，一丝阳光透过小小的天窗，射进"斗室"。看着眼前这个可爱的小生命，忠信想起了黄庭坚《清平乐·示知命》中的那句"不见清谈人绝倒，更忆添丁小小"，可这种诗意却很快被喂奶、洗尿布、哄孩子睡觉等一系列手忙脚乱的事情占据了……

儿子在条件简陋、空间逼仄的"斗室"里，一天天地长大了。

小家伙仿佛一天一个样，而且一逗就笑，可爱至极，眼神总是追着爸爸妈妈转，嘴里不时发出啊、啊的声音，让那个黑暗的小屋充满了生气。忠信和素秋也渐渐适应了爸爸和妈妈的身份。尽管日子清苦，但孩子给他们的生活增添了无数的乐趣。

1970 年，他们迎来了第二个孩子，也是男孩。两年后，三子降生。此时，忠信和素秋经历了六年的育儿"历练"，早已不再像当初那样手忙脚乱了。

林素秋与张帆（红缨）

林素秋与张黎

林素秋与张澈

一　家

　　素秋说野鸡落到后窗台上，我带着Ａ派特（平板电脑）赶去。雉早已不知去向。窗外西北方杏花甚美。拍了几张。

　　刨了几个坑，再买几棵好木苗，今春植树就终止。

　　拍了一些照片，张帆的构想创意，很有意趣。拍了五十多年前合影的今日白发版。拍了五十多年前小红缨与妈妈合影的今日版。

——选自张忠信先生

2019年4月26日、2021年1月6日日记

　　随着三个孩子的到来，素秋经营的五口之家进入了更加忙碌的状态。

　　忠信的工作越来越忙，家里的事他越发无暇兼顾，连自己的日常起居也要依赖妻子。素秋的工作也有变动，由团县委调到了县防疫站，负责防疫宣传工作。

　　因工作需要，忠信经常跟着市里的创作组出去调研、学习和创作。每次出行，素秋都会细致到告诉忠信，准备好的换洗衣服，哪个该先穿，哪个该后穿。担心在外工作的忠信吃不好，素秋把平时省下来的肉炒了榨菜，装到空的罐头瓶子里，托人给丈夫捎去。而忠信也确实被素秋"惯坏了"，出差回来，鼓鼓囊囊的行李中全是

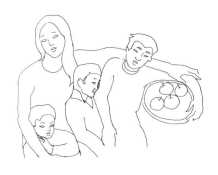

未洗的衣服……正是有了妻子这样的付出，忠信才能更心无旁骛地精研绘画技法，提升创作水平。可以说，忠信后来在艺术上取得的成绩，很大一部分功劳，都应落在素秋身上。

20世纪六七十年代的中国，物资匮乏，忠信和素秋组成的又是一个有三个男孩的五口之家，"巧妇难为无米之炊"的尴尬便常常上演。这种情况下，素秋竟把自己最为擅长的创新精神运用到了家里的伙食上。于是，张家的饭桌上"奇计百出"，有一次全家人还吃到了橘子馅儿的饺子……面对这样的"创新"，虽然忠信最多嘿嘿一笑，但孩子们却选择了叽叽喳喳，"抗议"母亲的"虐待"。

素秋更像是孩子们的姐姐，不苟言笑的忠信则俨然成了这一家子的"大家长"。在奇思妙想、求新求异这点上，素秋和孩子们达成了高度默契。

孩子们渐渐长大了，夫妇二人在对他们的教育和培养上各有分工。学业方面多由忠信负责，生活上则是素秋照料。

日子就这样过着，直到有一天，三个孩子都上了大学，当年的小两口变成了老两口……

画　像

今天素秋生日。午后张帆带来生日蛋糕（会芝赠）等许多东西，还有一盆花。

今日是冬月廿三日，是我的生日。老伴素秋煮了面条，又画了松鹤的画祝寿。上海、北京、长春的儿孙们来电祝贺。

——选自张忠信先生

2017 年 10 月 12 日、2021 年 1 月 6 日日记

从相识到白头，张忠信已记不清
给林素秋画了多少幅肖像画

1. 1964年
2. 1978年
3. 1982年
4. 1983年
5. 1985年
6. 1986年
7. 1988年
8. 1995年
9. 2021年

⑥

⑤

④

⑦

⑨

⑧

1995 年，素秋五十一岁生日的前夕，忠信为她画了一幅画。

从 1964 年，忠信为素秋画第一幅速写起，这个习惯已经保持了三十多年。三十多幅画像摆在一起，是岁月刻在一个人身上从青年、中年到老年的痕迹，也是夫妇二人悄然相对的时光。

与以往不同的是，1995 年的这幅画，构图最简单，背景也最简单，只有素秋的头像：一副眼镜架在鼻梁上，头发自然垂下，到脖颈处微微卷曲，眼神一如当年初见，神态自若地望着前方。画面的右侧，是竖版的几行题字："林素秋像，一九九五年元旦晚写。不唯形似，亦能神肖矣。"

构图由远至近，背景删繁就简，或许是生活和绘画带给忠信的感悟。是啊，三十年，两人越来越熟悉，画中的人也从扎着小辫子、俏皮可爱的素秋，变成了"奋斗"在生活里的妻子。历经春秋，阅尽寒凉，从通化的"斗室"画到蚀木山坊，忠信和素秋都想"记住"对方，他们早已成了彼此生命里不可或缺的一部分。

"不唯形似，亦能神肖"，是忠信越过"形似"的第二重艺术境界，更是他对妻子情感的第二重境界。

在素秋生日那天，忠信把这幅他精心准备的画送给了妻子。农历八月二十三，此时的山城秋高气爽，正是一年里最舒服的季节。

张忠信画笔下的孩子们

张枫五岁像（右上）
待睡的小张黎（左上）
睡熟的小张澈（右下）
孙女贝妮一岁像（左下）

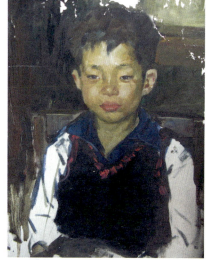

眼　疾

素秋白内障手术，去医院。

痛风发作，躺在椅子上。只在 A 派特（平板电脑）上看了些信。油画作品很多，好的很多，拔萃的不多。

——选自张忠信

2017 年 4 月 12 日、2018 年 10 月 7 日日记

2017 年，素秋的视力出现了问题，视物开始模糊、重影。检查后确诊为白内障，需要手术，这让忠信紧张起来。

2017 年 4 月 14 日，素秋在大儿子和儿媳的陪伴下如期做了白内障手术。忠信留在家里，有些心绪不宁。

手术很成功。但到了晚上，素秋开始头痛，一夜未眠。忠信在另一个房间，大气都不敢喘，静静地听着妻子的

声音。

一个多月后，素秋的眼睛恢复得差不多了，需要去医院复查。按理说此时已无大碍，但忠信内心依然复杂多虑，六神无主。他在日记中零零碎碎、反反复复地记道：

素秋白内障手术后，一夜未眠。痛，呕吐。早上张帆、小静同她去眼科医院。（2017 年 4 月 12 日）

傍晚回来，有好转。许多种滴眼药。好在小静能分得清。（2017 年 4 月 14 日）

素秋又去了医院看眼疾。（2017 年 5 月 24 日）

素秋去看病，我很无奈。（2017 年 8 月 21 日）

素秋的病彻底好了，她的眼睛又恢复了明亮、有神的样子。为表达谢意，忠信郑重地委托儿子把一幅自己创作的鲁迅版画送给了素秋的主治医生。

这不是忠信第一次六神无主。

1982 年夏秋之交，素秋被通化市医院诊断为肝癌。

他们没有把这个消息告诉孩子们，一家五口如往常一样围坐桌前，忠信比往日更加沉默，素秋的目光则从这个孩子身上移到那个孩子身上，再缓缓地移到忠信身上。那一天，家里气氛凝重，似乎连阳光都挤不进来。

张帆后来回忆，父母那几天很奇怪，家里陆陆续续来了很多他们的朋友和同事，小哥仨只知道父母要去天津二叔家，母亲把家里所有的被褥和衣物全部拆洗晾晒，收拾干净齐整，还准备了很多山城的特产。

启程在即，素秋提议一家人去北大顶子山野餐。

北大顶子海拔六百多米，就在忠信家附近，算是城中之山，青松林立，绿树满坡。那一天，微风轻柔，天空碧蓝，张帆拿着借来的135相机，已经读初中的他敏感地觉察到家里发生了重大的事情，他想用镜头记录下此刻，为父母和兄弟拍下更多的照片。他的内心是惶恐的，他不知道的是，他父母的内心更加惶恐。

父母走后，张帆用自制的放大机将这些照片冲洗了出来。三十几张照片，北大顶子山优美的风景仅仅是人像合影简单的背景，父母的合影，兄弟的合影，父亲和孩子，母亲和孩子，没有食物入镜。

虽然经过天津医院检查发现那只是一次误诊，但素秋时至今日仍然不愿意回忆那段往事，忠信更不愿意。

张忠信夫妇在成都旅游

亲　人

素秋母故去，享年九十九。在这个非常时期都无法去辽源送行。是长辈中最高寿者。与冰心同。

午间，张帆电告，小静的父亲故去。这是今年继素秋妈妈后又故去的亲人。

——选自张忠信先生

2020 年 2 月 21 日、2 月 27 日日记

素秋的母亲去世了，九十九岁。

白寿之龄，与作家冰心相同。

1999 年 2 月 28 日，冰心去世。2010 年，是忠信从事木口木刻创作的第四年，他精心挑选了一块黄杨木，完成了一幅冰心像，并命名为《永远的爱心》，以示缅怀。这张冰心像以柔细的排线和疏密点刻，尽显老人那慈祥的"永远的爱"，获第十三届全国藏书票小版画艺术展银奖。

岳母也在这样的年纪离世。

在蚀木山坊的工作室中，忠信再也无法将心思集中在那张正在刻的黄永玉像上了。

素秋同忠信一样，童年时，也缺少了母亲的照顾。个中原因，

素秋从来没提过。

中午，蚀木山坊的铃声又将忠信从杂乱的思绪中拉回了现实。素秋仍然像往常一样，召唤他吃饭了。

忠信迅速放下手中的刻刀，向工作室的门口走去。今天，他的脚步比往常快了一些，他怕磨蹭了会惹妻子生气。两碟两筷依然并列而置，一如往常。忠信感到，妻子似乎还如以往一样平静，话不多，聊了几句杨绛先生，就陷入了沉默。

饭后，忠信发现素秋的平板电脑停留在杨绛所作的那篇《一百岁感言》上："我今年一百岁，已经走到人生边缘，我无法确知自己还能往前走多远，寿命是不由自主的，但我很清楚我快'回家'了。我得洗净这一百年沾染的污秽回家。我没有'登泰山而小天下'之感，只在自己的小天地里过平静的生活。细想至此，人心静如水，我该平和地迎接每一天，过好每一天，准备回家。"

第二天，老两口仍旧很早起来，各忙各的。

第三天，上午九点多钟，素秋来到了忠信的工作室，告诉他长春今天解封了。忠信遗憾地望着妻子，说了一句："真不巧啊，就差了一天……"

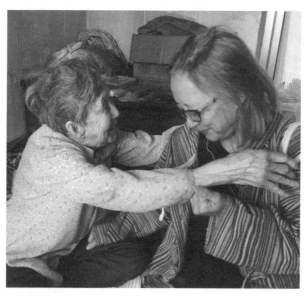

林素秋与母亲

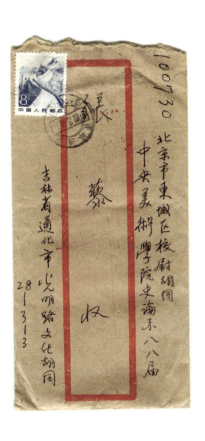

100730

北京市东城区校尉胡同
中央美术学院史论系八八届

藝

收

吉林省通化市光明路文化胡同
28
|
3
|
3

严父稚子

家　书

每个孩子都在走自己的人生之路。大人只要有好的影响就行。

——选自张忠信先生
2016 年 12 月 8 日日记

张帆:

信收到，内云皆悉。黎、漱来二封信，那里状况我也知晓。

转眼四年你们即将毕业，将开始新一段的生活。回顾当年你们拿到录取通知时，我与你妈妈及亲朋好友是多么地高兴啊！你们读大学当然要花些钱，我与你妈妈心里很高兴，从来没有把你们花钱当成我们的重负，每当一些熟悉的和不熟悉的人知道我们的两个孩子在大学读书并以赞扬的口吻谈及此事，我都觉得你们很争气，我亦很自豪，特别是我近几年境遇不佳（非经济的），你们都是我最好的安慰，

学写字的张帆（红缨）与张黎

我们以能供你们俩读书引以为傲，这不是任何一个父母都能有的幸福。当别人说每月要花多少钱时，我们都觉得这钱花得最开心，最有价值，从未觉得是什么不该承受的负担，而是一种福分，是以那种抬回大件家用电器为物质满足所无法比拟的。

毕业分配的事应多方联系，又要善摆脱，真正平静下来，看得开。毕业作品如何并不十分重要，亦不可忽视，更重要的是静下心来，不要放松最后一段的课程。绘画本领的增强是最关键的，未来最可靠的是它。有了本事，不愁生存，不需依赖铁饭碗。

张帆（红缨）

张黎若不能留京，你去京郊或东营就没什么大必要，且两处生活各有不足。油田那个地方我想还是放弃吧，况且让小静去那个荒凉的地方也不适合。深圳有什么情况，这里有几个人去了那里给港方画动画广告，可月入两千，速写好或能勾连环画的本事就可应付。

我还没去算扎灯账，都受了不少累，休息几天也就恢复了，你妈也比前些天身体好了些。我画了一张静物写生，一个老农的写生画了两次，准备画好为止。省展的画，还没动手，还剩半月的时间，画布做了两次都失败了，现在做第三次。上午画写生，下午来画它，画完就送去，画不完就继续画。想用塞尚的语言画一幅天池。晚上搞一个雕塑的设计，东昌区城建局的，大概能出资八万。我不想搞那种塔楼之类，那种东西你搞出图纸他们找些泥瓦匠就做成了，我想其中搞一组立雕，故这次我自己并不想挣多少钱，首先是想弄得好些。也许动工在夏季你也能参与。我有一个美国城市雕塑的本子是否在你那里，如在可寄来，底座、花坛都可借鉴。

刨刃买两个。

个人的前途当然与国家的前途相关，但我们的前途更与我们的画的水平直接相关，把注意力专注于专业上，这是极重要的。切切。毕业去向，多与小静商量。

祝

诸事如意

父草

1992.3.9

你妈妈想买一本历代题画诗、文的书，你与小静留心点儿，见到好的就买下。

张黎：

　　来的几封信均收到，这一段忙得连写封信的空隙都没有，都很疲劳，睡得也很晚。不只我一个人，全家一齐动手，全力以赴。前几天给一家饭店装天棚，在三合板上用油漆绘制民族图案，60×60的板子共190块，量是很大的。李军给了我三米多丝网，小澈要了块胶皮，我制了个刮板，又买了制版的一些材料就开始了试验。前天190块已全部完工，这是我用丝网印的第一批产品。还有130个印在纸上（水粉）是27×27，我正

张黎

在制版。今晚停电，不能干了，点上蜡给你写这信。这两个活做完可净收入1500元。

　　你买了弗鲁贝尔的集子，很好，我也十分喜爱他的画，他的忧郁的情调很能引起我的共鸣。康斯泰勃尔的集子是我想买的，但家中那套书中有了一些，加上商品画近来不太可能畅销，作为"画样"，不是急需，只得割爱了，尽管他与我同样喜爱乡村题材。鲁本斯是个才华横溢的大师，但他的题材与我

蔡·澈：

澈子寄来的几本书收到。信也收到。以后这类的书就不用买了。我从手定单上可以知道将有什么书出版。极需的书我便定购。这样就不用到处再寻觅了。寄来的书很好。我粗略的翻一翻，等有闲空再细读。

小澈的钱大概用光了。你应该还是要以求学，提高专业水平及文化水平为要。你的费用。我和你妈耒负担。不要总用二哥的钱，他在外。收入也无固定。用钱的地方很多，不能得一点都花光。他积蓄一点，以备不时之需。妈澈过几天你大哥去京。转给你捎去些钱。以后你得给我们一个寄款的地址。汉斯那地方，只能寄信，不能寄款。窗汇款得用汉斯的证件才能取出很不方距离太远，他之所爱非我之所爱。库因芝我只见过他的《第聂伯河上的月夜》《白桦林》《乌克兰的傍晚》，的确很动人，其他的画如何就不得而知。凡高、高更的画很多套书中收了不少，不知印得是否很好，好则可以留意，特别是高更。喜欢凡高并模仿他的人很多，我尽管喜欢他，但不想仿他。高更的果园情调，更接近人生，我更喜欢。对印象派的画我曾经酷爱过，尤其是莫奈，然而近七八年兴趣大减，尽管我现在还是那种画法。美国风景绘画，我一直以为是非常写实的，像怀斯那种，他一辈子画的都是恰兹佛德镇和库辛镇的人物和风光。

激子开学后没有再到学校去，但交了学费，还在学籍，期末考试去，他跟不上进度，对课本也无兴趣，升学可能极小。他回来帮着干点儿活，这方面他还很不错，悟性好，能很快把握要领，我想他应当自学绘画，将来有条件到什么地方去进修一下。

不要买 × × 牌色笔。你寄来的钢笔等今天收到。我今年想画五十张画，挣五千元钱，看来后者不难达到。当然，我们几乎是一贫如洗，但为了挣点儿钱花去很多时间又有些划不来，真是矛盾。我前些天捡了点儿过去画的画，好的实在太少。我五十多岁了，该抓紧时间多画点儿自己满意的作品。五十幅画数量是不少，但我多么想在这方面是个富翁啊，尽管它不抵油盐柴米。

你的学习如何？字要练，你的字与美院学生不相称。

父字

1989 年 3 月 25 日晚

黎、澈：

澈子寄来的几本书收到，信也收到，以后这类的书就不要买了。我从订单上可以知道将有什么书出版，急需的书我便订购。这样就不用到处去寻觅了。寄来的书很好，我粗略地翻翻，等有闲空再细读。

小澈的钱大概用光了，你在京还是要以考学、提高专业水平及文化水平为要。你的费用，我和你妈来负担，不要总用二哥的钱。他在外，收入也不固定，用钱的地方很多，不能挣多少都花光，他积蓄一点儿，以备不时之需。过几天你大哥去京，能给你捎去些钱。以后你得给我们一个寄款的地址，汉斯那地方，只能寄信，不能寄款。汇款得用汉斯的证件才能取出，很不方便，不可行。

小澈的文化、专业怎样安排的？这是我们甚为关注的。时间已经很紧迫了，考前要学的东西很多，要扎扎实实，一步步地学下去，当抓紧时间，当然不要搞得很疲劳。另一个问题是，明年油画系画室招生，如果要考取，一定要请这个画室的先生或熟知这画室的老师给予指导。我想小澈是否考虑选一个冷门较易考取的专业，譬如版画。实际上考哪一个专业都一样，进这所学校才是重要的，在哪一个系都可以受到这所学院的高水平教育。徐冰你当然是知道的，有一个陈强也是出自这个系的，最近要搞一个耗资千万的艺术项目"黄河渡过"。这两位学版画，现在好像都不搞版画，所以去版画系不一定将来就一直搞版画。有了造型基础，有了艺术见地，有了创造的能力，这是基本的，至于什么系，则不是最本质的。

要扎扎实实地学，学得好，这是第一位的，但不是全部。光靠画得好，如果不是出类拔萃只是比较优秀是不行的，有时一支优秀的队伍也打败仗的，特别是不研究打法，很可能一流要输给二流。"考"是考学问，考本身也是一门学问。

　　我从晚间新闻节目中看到北京市艺术博物馆办了一个油画展，里边的作品很好，艺术品位不错，环境也很适于看画，你们应当去看看。从报刊上得知美术馆在十月下旬要办一个中国民间艺术展，组委会主任由高占祥担任，评委主任为靳之林先生，届时你们应去看看。

　　祝你们

诸事如意

父

1994.8.2 日书

张澈

严　父

今天是张黎生日，都忘记了。

今天是 9 月 12 日，张帆生日。他已是半百的年龄了。

今天是小澈生日，四十二岁。

——摘自张忠信先生

2016 年 1 月 22 日、9 月 12 日、12 月 8 日日记

三个儿子，一直是忠信的骄傲。

张帆和张黎同一年考上了大学，孙女出生那一年，三儿子张澈也考上了大学。三个孩子一个画画做设计，一个做策展人，一个做舞台美术设计，自己在绘画上一路摸索、自学的艰辛，他们不用再经历了。

时间过得很快。

忠信将要搬到蚀木山坊的前一年，张帆正好五十岁。生日当天，忠信在日记里这样写道："今天是 9 月 12 日，张帆生日。他已是年过半百的年龄了。"

张帆工作生活在长春，每周至少来看望父母两次。每次推开工作室的门，他都会轻轻唤一声："爸，我来了。"老人家抬起头，向

儿子微微致意。

二子、三子分别在上海和北京工作，路途遥远加上疫情原因，只能通过电话或视频问候。后来，这个问候的队伍里又加入了孙女和孙子。

"人事有代谢，往来成古今。"如今，忠信已是家族中最年长的长辈。孙女远在海外攻读博士学位，大孙子快上初中了，另外两个孙子一个上小学一个上幼儿园，四个孩子都善良、自信、阳光，当然，也无一例外都对艺术充满了热爱。对于孙辈的教育，忠信和素秋从不插手，四个孩子都在各自父母的养育下成长着，他们知道自己作为祖父母应该做的是默默的关注和无条件的疼爱。也因此，张帆无法将记忆中那个只抱过自己两次、令他敬畏的父亲与孙辈眼里可亲的爷爷重合在一起。

对长子，忠信的管教比对老二和老三要严格得多。第一个孩子总会被年轻的父母寄寓最大的希望和最多的关注，也最容易成为父母教育理念的试验品。张帆幼时顽皮，韧性和忍性都不够，喜欢玩点儿小把戏。忠信觉得哥哥就应该是弟弟们的榜样，把长子管好了，其他孩子自然而然就好管了。忠信和素秋上班前会给张帆布置好作业，包括一天要写多少毛笔字，临摹多少画，下班后，他们会对完成情况进行检查。

无人看管的孩子，一旦独自在家很容易自娱自乐起来。为了"顺利交差"，玩疯了后的小张帆曾想了无数的办法，比如故意把字写得歪歪扭扭，尽量扩大字的面积，以求尽快把所有的作业纸填满。兴之所至，他还会让自己的"大作"上墙，那些横七竖八的字和画被贴得满墙都是。

直到天黑了，回过神来的小张帆才觉察这样的作业质量只有挨打的份儿，他会"畏罪潜逃"，比如偷偷地躲在某个自认为很隐蔽的角落里，祈祷不会被父亲发现。当年的"斗室"，总体也没有多大，结果当然是被"揪出来"并"家法伺候"。正是这样严格的教育计划和督促，张帆的功课进步很快，五六岁就能惟妙惟肖地画出父亲和母亲的画像，毛笔字也写得有板有眼了。

老二严谨的性格及行为习惯更像父亲一些，或者是哥哥在"糊弄"功课时"横遭家法"的"榜样"作用，张黎在学习上就规矩多了。父亲布置的作业，他总是按时完成；交代给他的注意事项，他遵循起来能一丝不苟，与长他三岁的"榜样"大哥完全不同。很快，老三也到了该学习的年龄，可能因为是家中的老么，也可能偏得了些父母和祖父的疼爱，张澈在天性上就彻底"撒欢"了，甚至超越了大哥，调皮反叛、古怪精灵、行侠仗义……张澈在"叛逆"的道路上玩出了层出不穷的花样，也因而成了父亲最难攻坚的"堡垒"。

三个孩子觉得虽然父亲是严谨的，甚至是严厉的、苛刻的，对他们的文学素养、绘画技法，甚至外语学习都要求甚多，但他们觉得令他们受益终身的不是这些严厉、系统的训练，而是父亲一生将艺术近乎视为信仰的追求，还有父亲那超越世俗的人生态度以及父母为他们营造的家庭氛围。

烛　光

　　张帆、小静到，说了一些大事。小静再过几年退休，退休后他们也会常来石院。

　　晨，狂风暴雨。没电。近7时雨停。在上屋，烧水。屯里在修电路。8时许来电。

——选自张忠信先生

2019年11月10日、2020年8月3日日记

　　石院自"启用"以来，已经逐渐变成了家人和朋友心目中的"田园"，连小静退休后，也想要到这里生活。她想把这么多年自己买的书、看的书、出版的书都搬来，和认识的人、陌生的人一起看书、看天、看邻居的鹅、看自家的猫，分享美食和生活。到了这样的年纪，一家人团聚，总比四散着在各地奔忙要好。

　　小时候，一家人不就是这样的吗？

　　儿时，张帆和弟弟们最盼望的就是停电，灯一灭，父亲就会拿出一支蜡烛，点上，微弱的烛光只够照亮桌子四周小小的面积。三只小脑袋凑在桌前，盯着父亲手中那本摊开的《安徒生童话》，接下来的将是他们一天中最快乐的时光。已经年近六十的张帆依然记得父亲给他们读《海的女儿》的情景，父亲的语调，一如既往的缓

学画中的张澈

慢、平和。

> 在海的远处，水是那么蓝，像最美丽的矢车菊花瓣，同时
> 又是那么清，像最明亮的玻璃。然而这里很深很深，深得任何
> 锚链都达不到底。要想从海底一直达到水面，必须有许多许多
> 教堂尖塔一个接着一个地连起来才成。海底的人就住在这下面。

海真的这样美丽吗？大山里的孩子对海充满了好奇。蓝蓝的水、矢车菊花瓣、教堂、尖塔……矢车菊长什么样呢？三兄弟看到过北大顶子山上的芍药、扁竹兰花、蒲公英、山丁子花，他们很想弄明白矢车菊的样子，幻想着画一幅有矢车菊花瓣的海。

除了《海的女儿》，张帆也记得父亲为他们朗读《卖火柴的小女孩》时的情景。父亲的声音低缓而沉稳，他们听着听着，就进入了故事里的世界，仿佛那位在寒风中划着火柴的小女孩就在眼前……他们屏住呼吸，大气都不敢喘，眼泪不由自主地流了下来。

山城的冬天非常寒冷，自从听过这个童话故事，几个孩子走在外面，目光总自觉不自觉地寻找着墙角，生怕那里蜷缩着一个"卖火柴的小女孩"……

《卖火柴的小女孩》《海的女儿》《屎壳郎》《丑小鸭》《拇指姑娘》……这些童话故事就这样在一次次的"停电时间"，通过父亲的声音流进他们的心里。很多年后，张帆仍然觉得，那是他和两个弟弟最幸福的时刻，透过那本童话书，他们看到了平时很少讲话、一贯严厉的父亲丰富而多情的内心世界。

三子探家

张澈夫妇

拥　抱

看到张帆拍的昨晚在火炉边的图像，很家庭，很温馨，又很山野。

晨，打扫庭院，拾落在地上的梨三十多个。今天张帆、郑杰、广平要来。吃玉米。来人还有会芝。上午刻雪中的松鼠。下午在一块小板上刻食棒果的花鼠。

——选自张忠信先生

2017 年 6 月 19 日、2020 年 8 月 23 日日记

"无情未必真豪杰，怜子如何不丈夫？"这是鲁迅先生在《答客诮》中的诗句，精准的反问道出了很多中国式的父亲在面对儿子时复杂的心理状态。

一方面，是"大丈夫"的威严和权威；一方面，是父亲对儿子天然的爱。在两方的互相"缠斗"中，前者往往在表面上占据了上风，所以在中国人的传统印象中，父，往往贯之以"严"，而母，则多饰之以"慈"，所以，"严父慈母"就成了很多中国人对父母的印象和评价。也正因如此，很多父子之间的关系是"剑拔弩张"的，绝大多数的父亲，不会当面对子女——尤其是儿子，表露出喜爱、称赞，甚至哪怕是一点点的肯定。

忠信对儿子也是如此。在儿子们的印象中，父亲一直不苟言笑，严肃得让他们畏惧。除了烛光下的故事时光，大多数时候，孩子们和忠信都保持着一定的距离。

张帆依然清晰地记得他得到的两次来自父亲的拥抱。

第一次，他七岁。

忠信和素秋像往常一样去上班了，留下张帆在家里照看二弟张黎。小房子有一扇后窗，后面是一个小小的院子，是他们最喜欢玩耍的地方，爷爷给小哥俩做了一个秋千。

七岁正是贪玩的年龄，父母千叮万嘱不许他们出门，张帆还是忍不住想领着二弟去玩那个秋千。跳出后窗，再从窗户原路返回，他们一直这样。

张帆搬来凳子，先把二弟扶上窗台，然后自己站上去，一番操作，把二弟顺到了外面，自己再轻轻一跳，大功告成。

兄弟俩在空地上尽情玩耍，不知不觉间起风了，两个人也没了玩兴。尤其是张黎，当时只有四岁，正是玩够了倒头就要吵着睡觉的年纪。张帆领着弟弟回到后窗，抬头一看，窗户竟然是关着的，再伸手一推，没推动。他知道糟糕了，风把窗户吹上的瞬间，插关正好掉进了插口里。在各种尝试均宣告失败之后，张帆已经急得满头大汗。

张帆一面抱着弟弟，一面哄着他说爸爸妈妈很快就回来了。其实小张帆自己却要哭了，时值仲秋，山城的天气早晚波动更大，阳光渐渐西移，风越来越冷。因为有山，屋后这边空地最先没了阳光，秋风一阵急似一阵。

小哥俩冷得瑟瑟发抖，张帆毫不犹豫开始脱身上的衣服，脱下

一件，往二弟身上穿一件，最后浑身上下只剩下一条小裤衩……

这天，忠信先于妻子下班回来，发现两个孩子不见了，急得团团转。家里细细找过后，忠信忽然想到了后院。他打开后窗，发现了只穿一条小裤衩的张帆正抱着弟弟站在风中。

进屋安顿下来，自知闯了祸的张帆站在墙角，暗暗准备好了挨一顿教训，但他没有想到，那天父亲非但没有打他，甚至都没批评他，而是抱住了他。被父亲拥抱，这是他记事后的第一次。

"你能把衣服脱下来给弟弟穿上，照顾弟弟，你这个哥哥是合格的。"听到父亲说出此话的那一刻，张帆感觉自己浑身上下瞬间暖洋洋的，好像突然之间，他就懂得了父亲对自己的爱与期望……

十五年后，经过了四轮高考的张帆终于与二弟在同一年考上了大学。

那天，当兄弟二人拿着录取通知书回到家的时候，父亲恰好没在家。晚上，父亲一进家门，就急急地问："你们接到录取通知书没有？我听说有的孩子已经接到了。"兄弟俩告诉父亲，他们都接到录取通知书了。父亲二话没说，同时给了兄弟二人一个大大的拥抱。这一突然的举动，让兄弟二人呆住了，站在原地很久没动。

这是张帆记忆中得到的第二次拥抱，在经历了那么多父子间的冲突、青春期的挣扎和人生的波折后，他又一次得到了父亲的肯定。

无论是父亲还是张帆、张黎都没有想到，这个拥抱还让另一个人的人生发生了改变。

求　学

晨，在画室。弄一块212×172的椴木板。新冠病毒在北京丰台又有萌生。上午、下午都刻冠鸟。

——选自张忠信先生
2020 年 6 月 16 日日记

1988 年，张帆拿到了大学录取通知书。这一考，竟历时四年。

初中毕业，张帆竟然给忠信和素秋一个始料不及的决定，他强烈要求不再上学，不再读书。

虽然忠信和素秋不明白儿子何以产生这个想法，也不喜欢这个想法，但看到突然倔强起来的儿子，两个人最终还是接受了他的决定，但提出了一个要求——他要找工作，自食其力。

得到父母"支持"的张帆一度觉得自己是强大的：他胜利了，终于自由了，从此后可以想写诗写诗，想画画画画，想干什么就干什么，再也不用遵照父亲定下的那些规则和计划，再也不用写那些检讨，做那些承诺。

张帆到文化馆烧过锅炉打过杂，也到工地做过力工。很快，生活的艰辛和劳作的枯燥让他失去了最初的暗喜，天马行空的自由也被苦闷的现实所取代。

1984 年，全国第六届美展在沈阳举办，张帆拿着自己赚的 20

父子看展

元钱和小伙伴搭上了去沈阳的火车。他们白天在展厅看画，晚上再回到火车站的长椅上过夜。第三天，正在油画展厅看画的张帆突然看到了一个熟悉的身影，是的，那是父亲。父亲还是穿着他那身已经看得出破旧的灰布衣服，手里拿着一个面包，张帆知道那肯定是父亲的午饭，这样就可以一直看到闭馆，不用为了出去吃午饭而多花一次门票钱。

张帆的眼睛突然就有些湿了，脑子里浮现的都是父亲带着他和张黎，偶尔还有抱着张澈到处看展的情景。父亲是严厉的、苛刻的，很多事情他不能理解也不愿接受，可能严厉和苛刻都源自父亲对艺术的执念和对自己的期望吧。

那一刻，张帆在内心里听从了父亲的安排。

十八岁的张帆决定放弃在"社会"上的"闯荡"，开始一边侍候瘫痪的爷爷一边自学高中课程。画画从未停过，只是这一次他的脚步走得更远。第三年，爷爷走完了生命的最后一程。第四年，张帆第四次参加高考，拿到了东北师范大学美术系的录取通知书。

相比于张帆，和忠信更为相像的张黎在求学路上要顺利得多。1988年，他高中毕业，顺利考上了中央美术学院史论系。

老三张澈是让忠信操心最多的孩子，讲义气，喜欢新潮事物，霹雳舞跳得超棒，算得上20世纪80年代典型的"问题"少年。他和另外两个小伙伴组成了"三剑客"，逃学、打仗是他上学期间的两门重要"功课"，他的书包里除了一两本小人书还有一块板砖……

忠信曾经忧心忡忡地对素秋和张帆说："老三生在咱们这样的知识分子家庭，只要他不做违法的事情，以后能自食其力就好。"

大哥和二哥在同一年考上大学，尤其是父亲给大哥的那个拥抱刺痛了张澈。

张黎刚在北京安顿好，父亲就让张澈进京去找二哥。很多年后，张澈依然会感慨于父亲的这一决定，因为这一决定改变了他人生的方向。

20世纪80年代的大学校园，到处洋溢着理想、进步、青春、阳光和诗歌的味道。张黎领着弟弟从一个系转到另一个系，从一间画室看到另一间画室，看习作，看范画，看人家作画的步骤，看人家构图的过程，可看的东西太多了。他们去了中国美术馆、故宫、各种陈列馆、商业画廊，还看了各种演出，张黎还领张澈去了北京大学……张澈在北大校园里捡到了一支钢笔，很郑重地带回了通化。他跟父亲说自己也要像二哥一样考上一所北京的名校，他一定会去北京读书。

"三剑客"解散了，书包里的板砖被郑重地码在了街头的砖垛上，高中阶段的书全部摞在书桌上。在父母和两个哥哥的帮助下，张澈开始四处学画。和大哥大嫂同住半年后，他小试牛刀，参加了省艺术学院的考试，专业课排名第一。转过年，他跟随二哥开始了北漂。1996年，同大哥张帆一样，他也以四次高考的经历，考入中央戏剧学院舞台美术系，实现了自己"到北京读书"的誓言。

张澈与爷爷　　张忠信及家人于20世纪70年代初在北京天安门前合影

张忠信的最后一个孩子也走上了求学之路

在长城相会（从左至右张黎、张澈、表弟林征、张帆）

杂　忆

张黎的《童年杂忆》是写给自己，写给家人的，真是重要。

——选自张忠信先生

2018 年 2 月 1 日日记

爷爷是山东胶东人，太爷务农之余曾经做过村里的教书先生，我们见到过两本线装书，是太爷用过的，一本是印刷出版的，还有一本是手抄韵书，用纸绳自己装订的，是作诗的必备工具书。爸爸说是太爷的笔迹，太爷参加过清朝最后一次科举考试。爸爸听长辈讲过，在元朝，张家是在京城给蒙古人管理马匹的，元末避乱来到了山东。家中有一张爸爸小时与太爷的合影。

爷爷出生于 1914 年，生日不知道，印象里爷爷没过过生日。爷爷去世于 1987 年 12 月 25 日，享年 73 岁。他年轻时到丹东他大哥开的缫丝厂帮忙，后来他学习了日语，在日本人的商社找到了工作。我们在学校里学英语的时候爷爷问我们："学了英语？老师是不是 teacher？"发音类似"梯签"，带一个儿化尾音。他说年轻时同一个日本朋友一起学过英语。爷爷曾经教过我们日语，现在我还记得五十音图，小孩是"拷道毛"，老虎是"拖拉"，我们会从一数到十，会说爸爸、妈妈、爷爷、奶奶、早上好、新年好……没有书，我们只当好玩。

爷爷在日本商社里大约是负责会计工作，曾经有过一架德国相机，爷爷说鸟在天上飞都照得到，后来被人借走了。80年代初，有两个山东老乡找到爷爷想一起做买卖，因为爷爷懂账目和经营，爷爷没有去。爸爸说爷爷在1945年之后就失业了，在丹东的寺院出过家，那时奶奶还没去世。还俗后爷爷卖过烟卷，后来被国民党军队招去当文书，负责管理账目。新中国成立后，爷爷没有工作只能做临时工，1974年前后到玉皇山玉皇庙做看门人，直到20世纪80年代。

我们经常去庙里玩，大哥去的时候最多。

爷爷有一个小口袋，装着零钱，虽然都是用得很旧的小面额纸币，从一角到五角，可能也有几块面额的，但都展得平平的，整齐地归在一起。有一次我上学的育红小学附近有卖麦芽糖的，自己实在嘴馋和好奇，就偷了两角钱去买糖吃，家里人都没发现。还有一次我在放学的路上捡到了失效的黄色炸药管，应该是被水浸泡失效了，我玩了一会就扔到煤棚里了，后来爷爷侍弄炉子的时候发生了不太厉害的爆炸。当时北大顶有采石场，经常放炮采石，现在回想起来实在太危险了。

爷爷手臂上有六个圆形疤痕，不知道是不是他出家受戒时留下的。爸爸出差去北京的时候，爷爷托爸爸给他买一部《金刚经》，爸爸只买到了书法版，应该是《泰山经石峪金刚经》拓本字帖，可能不是全本。爸爸还买来一尊精致的佛像和一个菩萨像铜牌，茶杯口大小，是一个吊坠。爷爷有一个皮革手提箱，里面有一个丹顶鹤图案的黑漆匣子，还有一个小号的银质

高脚酒杯和银盘。

　　爷爷最喜欢弟弟，他将喜欢叫作"喜见"。爷爷抽旱烟，用烟纸卷成喇叭筒，烟叶是关东烟，很干，很呛人。爷爷有时用一个耐热玻璃烧杯盛白酒放在炉子上加热，用火烤一下干辣椒，有时烤得黑黑的，用来下酒。爷爷口重，吃得咸，不知道这是不是他患脑血栓的原因。

　　爷爷曾经带弟弟坐火车回过一次山东老家，应该是他几十年来唯一的一次。

张黎在敦煌写生

从上海回到山坊的孙子米来与豆来

秉　性

张黎一家走后，院子里宁静得很。今天是九月九日重阳节，是老人的节日。

小澈晚上视频谈话，重阳节问候，精神状态好。澈子常年在外，工作之外，与家通话，还应该做点儿啥。这个剧收入还不错。

这也是重阳节第一个问候，也是唯一的问候。应该和张帆商讨一下，明年怎样过重阳节。

晚睡前，听到沙沙的响声，找遍屋里各处，皆无此声。打开门，外面下雨了，是雨声。

——选自张忠信先生
2019 年 10 月 7 日日记

张帆自己做了父亲才更理解父亲，他觉得父亲不善于表达感情，可能与少时即与父母分离有关。父亲秉性善良，内心始终保持着悲悯和同情，见不得别人的苦难。

20 世纪 80 年代初，忠信和同事出差，在长春火车站遇到了一个乞讨的妇人，可怜巴巴地"讲述"着刚刚发生的"不幸"：自己是外地人，来长春看病，结果钱包丢了，回不去家，希望好心人能给两块钱，她想回家。

忠信觉得这个妇人很可怜，于是就给了她两块钱。在那个年代，两块钱并不是一个很小的数目。

返程时，忠信在火车站又遇到了那个妇人。妇人早已不记得这个曾经给过他两块钱的路人，把自己的故事又讲了一遍，希望眼前的"好心人"帮帮她。虽然已经知道了这个妇人在撒谎，但忠信还是觉得她很可怜，觉得她能放下脸面乞讨，一定是家里遇到了困难。尽管同行的伙伴提醒忠信，这是一个以乞讨为职业的人，不要再给她钱了，但忠信还是给了她两块钱。

这件事是父亲讲给张帆听的，另一件事却是张帆见到的。

他见到了父亲因为同情别人而流泪。

当时，张帆已经上了大学。一年暑假，他和父亲坐在家里看电视，播出的节目是奥运冠军盘点，正好讲到一位非洲飞人赤脚夺冠的故事。

1960 年，罗马奥运会的马拉松比赛没有将终点设置在体育场内，而是设置在为纪念罗马统一而建的君士坦丁凯旋门。为此，主办方还特意将开赛时间定在傍晚，就是想让选手能在万家灯火中完成最终的角逐。

比赛还未开始，来自埃塞俄比亚的选手阿贝贝·比基拉在起跑线上就引起了观众的注意，因为他是唯一打着赤脚的参赛选手。这场马拉松比赛不仅要跑过古罗马卵石街道，还会经过一段高低不平的土路，不穿鞋子？无法想象。

因为家境贫寒，小时候的比基拉一直是赤脚跑步到离家几公里外的学校上学。十八岁的时候，比基拉入伍，在部队里，他最大的乐趣就是练长跑。这是他第一次参加奥运会，他和教练商量，决定赤脚参加这场马拉松比赛。

从北京回到山坊的长孙张赫

爷孙三代

比赛开始后，比基拉始终处于领先的第一方阵。在比赛最后一英里的时候，他开始加速，甩掉其他全部对手，最终以超过第二名半分钟的优势摘金，并打破了马拉松的世界纪录，成为第一个获得奥运会金牌的非洲黑人选手。此后，比基拉被无数田径爱好者奉为"赤脚大仙"，而这场比赛也成了奥运史上最为奇特的一场比赛。

看电视时，张帆坐在父亲的左前方，比基拉夺冠时，张帆忽然听到了很细微的啜泣声，他很快意识到，声音是从自己身后发出来的，是父亲。

那天，张帆一直没有回头，他假装什么都没有发生。他知道是比基拉的身世触动了父亲，从父亲悄悄流下的眼泪中，张帆读到了父亲的另外一面。

三兄弟陆续毕业、工作、成家，忠信也终于卸下了身上的重担。前几年，每到岁尾，父亲都会询问张帆他的藏书票卖了多少钱，每一次他都嘱咐张帆把所有的钱都寄给远在山东的他的二婶。那时候忠信的二叔已经过世，山东老家有二婶还有几个堂弟，他们的生活其实比他还宽裕，但他忘不了二叔二婶对自己的养育之恩。能给二婶寄些钱，哪怕她根本用不上，也是他的心意。张帆记得这个习惯持续了很多年，直到山东的四叔说二婶也过世了。

如今，张帆的孩子也长大了，他对于父亲的身份、职责和情感，也有了更多不一样的理解。

孙女张俪彤与爷爷奶奶

木口木刻

镌　木

磨了一把刻刀，锯多年前的一块梨木。在一块小板上起一稿。张帆说，雕刀到货，刀很好。脚下的垫子也买到。刀滚落在水泥地，碰坏刀尖的忧虑可以解除了。

——选自张忠信先生

2019 年 3 月 23 日日记

与木口木刻深度结缘时，忠信已经七十岁了。他戏称自己为"啄木者"。2015 年，他在自己的创作心得《啄木人絮语》中写了他了解到的木口木刻的历史和他对木口木刻的理解。

1771 年，英国一位十八岁的工匠比维克刻出了世界上第一幅木口木刻，这是二百四十四年前的事，正值清乾隆三十五年。

比氏在这种木板上，仅藏书票就刻了一百多种，他晚年得知欧洲大陆有人用拼接的板刻出了大幅的作品，很是向往。

木口木刻传到中国是在清末，鲁迅先生说，他还是个孩童时，见到英文书上的木口木刻插画，震惊于它的精工、活泼……

商务印书馆创办之初，曾引进木口木刻刀具，来刻制字典中的图画。

从一九二九年始，鲁迅先生便编著木刻类的书籍，之后又指导青年学子研习木刻。木口木刻大家比维克、多雷、法沃尔斯基，经先生介绍为国人所知。其学子中的刘岘1934年远赴日本留学，习得木口木刻技法，一生中创作了大量作品。刘岘先生归来后的五十年中，木口木刻鲜有参与者，我仅知道荒烟创作了《水仙花》等许多精美的作品。晚近习木口木刻的人多起来，连我这个苍苍白发者也参与进来。

木口木刻与木面木刻同属于凸版版画，区别主要在于所用木材、刻刀及刀法不同。木口木刻主要采用黄杨木、梨木等硬木的横切面，木头表面质地紧密坚硬，用金属凹雕版画工具或改进过的凹雕版画工具，能刻制出极为细密的线条，从而形成明暗层次丰富的画面；但受板材限制，木口木刻以小幅面黑白版画居多。木面木刻则是用木材径切面或者弦切面，用三角刀、圆口刀、平口刀等工具刻制，作品精细程度不及木口木刻，但可以刻制较大画面。

木口木刻自18世纪上半叶即在欧洲手工作坊中流行开来，是谁最先发明或使用了木口木刻已无可考。法国人约翰·帕皮伦曾使用木口木刻技术印制墙壁纸，为书籍创作花边插图，并在1776年出版了《木口木刻的历史与实践》一书。帕皮伦对木口木刻的发展影响有限，真正将木口木刻发展为独立艺术形式的是英国人托马斯·比维克。

1767年，十四岁的比维克在版画作坊里开始了自己的学徒生涯。作坊主贝利迪很快就注意到了比维克的惊人天赋，让他负责

操刀刻制一些书籍插图。比维克首创了木口木刻白线雕法，在打磨平滑的黄杨木横切面上用铜版凹雕工具刻出精细的白线条，这样就可以产生出深浅不同的色调和变化无穷的肌理。比维克的第一部成名作是 1790 年出版的《四足动物的历史》（A General History of Quadrupeds）。比维克采用的这种技法的精细程度几乎可与铜版凹雕相媲美，由此，木口木刻也很快取代了昂贵的铜版，开启了历时一个多世纪的木口木刻时代。比维克创造了木口木刻新的语言系统，并使之成为一个艺术门类，所以，忠信误认为他是木口木刻的开创者。

木口木刻用木首推黄杨。黄杨质地细密坚硬，多是小径材，十多厘米的木，看年轮就知树龄近百年，故而有千年矮黄杨之说。黄杨是国家二级保护树种。梨木，硬度适合，也很细密，也可刻制精细的作品。椴木，细密但是木质过软，经硬化处理亦可刻精细的作品。北方人用的切菜墩，就是此木。

> 我用过的木有黄杨木、梨木、山丁子、苹果木、腊木、椴木，也用过有机玻璃。每种木都有自己的特点，黄杨木细密、坚硬，《野牦牛》《山雀》就是用黄杨木刻的；山丁子的每个年轮内外软硬不同，刻过后，会在木板上面留下痕迹，这是令人头痛的事，我用山丁子刻过冰心像、张爱玲像；我用椴木中的紫椴刻过小版画《鲁迅先生和他喜爱的版画》，得到了邵黎阳（中国美术家协会藏书票研究会副主席，著有《藏书票入门》）先生肯定，这给我很大激励。

　　"张帆把从前从大连网购的梨木及去年冬从乡下弄来的梨木送去求人切割，我将有几十块大些的木口木刻板，足够几年用。""湖北的十片黄杨木寄来了，其木比我原有的重些，大概木质更硬，密度更大些。"因为爱上了木口木刻，忠信对木头不仅痴迷而且颇有执念，当年从通化搬家到长春，一卡车物件里木头就占了一半空间。他四处搜集，还学会了上网，在网上看好，让张帆购买，渐渐地，张帆的朋友们了解了，今天送来一段明天拿来一截，石院里堆满了木头。

　　忠信把木头锯成想要的大小，然后用砂纸细细打磨，再用宣纸仔细包好，标注好材质和日期，一块块码放在书架上。经他打磨的木块，将摸上去的手感形容成如同婴儿的皮肤一点儿也不为过。

　　木口木刻在国内还属小众艺术，因此难以买到专业的刀具，除了海淘，一般都是自己动手改造，技法上更是得自己摸索。

　　"工欲善其事，必先利其器。"我是参照书上的图样，在朋友的帮助下自制了一批刻刀，现在刻制作品主要是用这批自制

的刀具，好处是可以随着需要进行改磨。

从点说起，有圆点、方点、三角点，我用的多是圆点。我开始先是用锥子扎出圆点，《秦陵兵马俑》上部边缘就是用这种方法扎出来的。扎不是刻，缺点是不能离得太近，否则扎的点就把临近的点挤变形了。后来我买了几本介绍外国木口木刻技法的书，发现外国人也用锥子扎"点"，不过是散落的白点，没有挤的问题。之后我就改扎为刻，磨制了5把小于1毫米的刀，再大的点就用刻果核的微雕刀和木刻中的圆口刀，在我的许多作品中就刻有大大小小的点。我手边有10把美国产的刀，

　　制作精良，价在 100 美元；还有 10 把日本产的刀，价在 5000 人民币，其性价比也是一目了然。

　　最早印书票我用的是宣纸，陆永寿（藏书票收藏家。）先生建议我换纸。我用了昂贵的法国纸，但是印细密的书票，效果并不好。日本樱花油墨虽细腻，但无黏性，效果也不好。孙女从美国买回木口木刻专用印纸，还有纸的样品。几经试用，现在选 80 克的脱酸纸。《山雀》《慈爱》用的就是这种纸，确实很适合小幅木口木刻。我收藏的数百张国外的木口木刻也多是这类纸。

  1988 年，两个儿子同时考上大学的那一年，痴迷油画的忠信心心念念迷上了一套日本出版的《世界油画巨匠全集》，二十四册，精装，八百元。八百元，对他和素秋的收入来说是一笔巨款，而且这一年，他们要同时供两个孩子离家读书……他最终拿出了家里所有的钱，拥有了那套画册。

  在生活与追求的天平上，生活永远要让位于追求，无论是中年的忠信还是老年的忠信，也无论是当年的画册还是如今的刻刀。

  2007 年，忠信加入藏书票学会。10 月，《毕加索造像》参加第十二届全国藏书票暨小版画艺术展，被评为优秀藏书票。

  2008 年，《秦陵兵马俑》（之一）参加第三十二届国际藏书票双年展。《毕加索》《秦陵兵马俑》（之二）和《秦陵兵马俑》（之三）参加"梅园杯"上海国际藏书票邀请展。

2010年，《永远的爱心》《胡适先生》获第十三届全国藏书票暨小版画艺术展银奖。

2011年，《晚年的周恩来》《永远的张爱玲》《畅安造像》《树袋熊》四幅藏书票获上海藏书票邀请展金奖。

2012年，《爱因斯坦造像》获第十四届全国藏书票暨小版画艺术展最佳小版画奖；《树袋熊》（之四）获第十四届全国藏书票暨小版画艺术展优秀藏书票奖。

2012年，《永远的爱心》《胡适先生》《鲁迅先生像》《畅安造像》《树袋熊》《秦陵兵马俑》（之三）参加华盛顿《中国印象：当代版画藏书票》展。

2012年，忠信完成了藏书票《向伊格勒致敬》。

守望山坊的摩西

人物系列

·1891-胡适博士-1962·

36/91 胡适先生 X2 张忠信 2010·4

13/80 罗如泰 ×2 张志伟 2006年

5/100 爱因斯坦像 ×2 张志伟 2006年

7/100 尤努斯 ×2 张志信 2007

5/30 鲁迅先生像 ×2 张志信 2010年1月

13/100 藏书票 张忠信 200□

A.D.
莎翁立像 ×2 张恩候 12年

1/10 自刻像 ×2 张恩候 2008.8

Johannes Knabensberg 德国最早的一枚藏书票，上面印有"慎
防刺猬随时一吻"字样 1470 年

书　票

主编《中国藏书票》的陈健先生要在 2015 年第二期上介绍我的藏书票，并要我写一篇千字小文，我迟迟未能动笔，正在刻的猴票是迟动的一个原因，未想好是主因。

我最近从北京买了台手动印刷机，用它印制，快捷且质量稳定。网上买的张飞牌放大镜，内有灯光照明，使用甚是方便。

——选自张忠信先生

2015 年 4 月 6 日、2017 年 10 月 28 日日记

1470 年，世界上最早的一帧藏书票在德国一个修道院中被发现，这枚叫"刺猬"的书票是一名叫伊格勒的青年画家的作品，这张藏书票因而也被称为"伊格勒藏书票"。画面中，刺猬嘴衔野花，行走在落叶中，书票上部刻有德文"慎防刺猬随时一吻"。

藏书票的出现比木口木刻还要早三百年。当时书籍昂贵，只有贵族或修道院才收藏得起，因而一直到 17 世纪末期，藏书票多以象征权势和地位、表明贵族身份的纹章作为图案。

18 世纪，随着教育的普及和出版业的发展，中产阶级也开始收藏图书，藏书票因此平民化。比维克对木口木刻的创新使藏书票得到了更迅猛的发展，藏书票的黄金时期出现在 19 世纪下半叶。欧

洲的文人几乎都自己动手或请人设计专属藏书票，有些书店还可以根据顾客的需求制作藏书票，藏书票的发展也由纹章式转向更注重追求个性和艺术。当时，很多著名画家都参与过藏书票的创作，如马蒂斯、高更、毕加索等；而文学家们则积极地使用它们，如福楼拜、雨果、海明威等，使得藏书票成为一种文化现象。

无论是木口木刻还是藏书票，传入中国后，参与者都不多。中国人何时开始使用藏书票，学术界至今未有定论。不过目前留存的较早的藏书票，是留美学生关祖章的收藏"定制款"：画面是一位古代书生在书房搜寻图书，满地都是线装书，还有宝剑等饰物，颇有古风，上署"关祖章藏书"五个字，大约是1914年前后制作的。另外，戏剧家宋春舫使用的藏书票，标示有"褐木庐"书斋名，带有传统文人的情趣，估计是20世纪初制作的。20世纪二三十年代，叶灵凤、郁达夫、李桦、唐英伟等人也使用过藏书票。不过，在中国，藏书票一直都只是文人自娱的玩意儿，较少流传。

1998年，为纪念北京大学建校100周年，北京大学出版社相继出版发行了《与祖国同行》《难忘岁月》《百年庆典》三套藏书票，这些藏书票的出版，使一向冷僻的藏书票渐渐"热"了起来，也使从事木口木刻艺术的人渐渐增多。

关于西方木口木刻的藏书票，忠信曾这样写道：

在诸多的西方木口木刻藏书的票面一角，多数都刻上一个自己独有的标识，如比利时的杰拉德·高登、法国的冈比翁、意大利的马兰戈尼，还有国人熟知的戴莫，他们的书票都有，我也效颦刻上一个自己的标识，是篆书的"行"字。

书票签名，送给来访的朋友

　　2012 年，忠信用小刺猬向伊格勒致敬。2014 年，忠信又刻了一幅同样题材的藏书票，名字也叫《向伊格勒致敬》。同样的刺猬，2012 年那一只温顺，略带一丝拘谨；2014 年这一只机警，更添一分自信。

　　从 2005 年开始尝试木口木刻创作到 2014 年刻出第二张《向伊格勒致敬》，忠信已经摸索出更多木口木刻的技法，在木口木刻领域闯出了自己的风格，拥有了一批拥趸，他的作品、他的人生也都有了新的飞跃。

张扬和张忠信在藏书票双年展上

三个姓张的老头（张扬　张忠信　张家瑞）

与著名藏书票艺术家彼得·拉扎洛夫

执　念

　　接张扬*电话，他写了些美术名家的史料，并说长沙的外科医生罗迈买了他的藏书票，对我的书票也有兴趣。近来把一些小刻板磨好，刻一些小的书票。我近几个月收藏的百余幅书票，多是些小动物的。有一种，很适于刻小书票，用磨好的小板刻几张试试。

　　贺友直故去了。一个真正的大师。他追慕的是张择端的《清明上河图》。大师是不可及的，大师又是可以给人启迪的。当刻一幅贺友直的肖像，表达我的认知。

——选自张忠信先生

2015 年 4 月 6 日、2016 年 3 月 17 日日记

　　2008 年，第 32 届国际藏书票双年展在北京"世纪坛"举办，众多的国内外藏书票作者、作品汇聚北京。在展览上，张扬看到了一件国内作者创作的精美的木口木刻作品，这幅名为《秦陵兵马俑》的藏书票让他极为欣赏，这件作品的作者就是忠信。

　　毕业于中央美术学院版画系的张扬老先生算得上国内藏书票领域顶尖级的创作者，他曾因收藏以木口木刻作插图的普希金长诗

＊ 张扬，中国美术家协会藏书票研究会常务理事，曾任北京藏书票研究会会长，著有《张扬多色木版藏书票原作集》《书房宠物——张扬藏书票》。

《鲍里斯·高杜诺夫》而与这一艺术形式结缘，木口木刻作品制作的精致，让他喜欢得着迷。

2008年，张扬七十岁，忠信七十一岁，两位老人从此成了惺惺相惜的至交。当得知忠信自制刀具，七十高龄还到林区寻找木材时，张扬深感敬佩。在张扬眼中，忠信的每件作品——无论是威武的秦俑战阵、罗马斗士，还是顽皮的小动物，画面上复杂的黑白灰、铠甲的金属感、须发皮毛的蓬松感都通过不同刀法的处理而得以尽显纸上，把握得非常有分寸。

在对待自己的作品上，忠信始终是一个严谨且"苛刻"的人。一次刻完不满意，重新再刻是常有的事。为了刻鲁迅先生像，他在深入研究了这一题材的每位版画家的作品，总结那些作品的特点和得失后，从不同视角，用不同的刀法，刻了好几版鲁迅先生像，直到自己认为可以为止。他创作的毕加索像，优化了黑白灰的对比，在大面积的黑中着重突出了毕加索标志性的如炬的目光，敏锐、深邃、机智、果敢的人物性格被刻画得栩栩如生，给人以极强的视觉冲击力；他在冰心女士像中，以柔细的排线和疏密有致的点刻，尽显百岁老人那慈祥的"永远的爱"；他刻的晚年周恩来像，取微微俯瞰的角度，用突出的眉宇展现总理睿智、缜密的一面，无声地将总理那种为人民鞠躬尽瘁因而也深受万民爱戴的形象呈现出来，这枚藏书票屡获大奖，也为忠信带来了声誉，让他的木口木刻得到了更多业内人士的赞赏。但忠信对自己的作品仍不满意，他在给张扬的信中说"头发不够白、前额不够亮、背景印得有点儿花""还有改进的空间"。

对自己的木刻创作，忠信有一个很宏大的规划，他按人物、宗

张忠信在藏书票双年展现场

张忠信与各地藏书票作者合影

教、文化、动物分类，一个系列一个系列深入进去，心无旁骛，木头和刻刀就是他的世界。

爱因斯坦、薄伽丘、毕加索、冰心、周恩来、黄永玉、南仁东、鲁迅、张爱玲、杨绛……从他刻刀下的人物可以看出忠信对世界、对人的理解和判断，只有那些拥有人格魅力且为人类的进步做过贡献的人才能成为他刻刀下的对象，他以自己的一腔激情，用木口木刻为这些他尊敬的人"树碑立传"。

文艺评论家董大可这样评价忠信的作品："看他的藏书票，骨子里有一股非常倔强的精气神，充满着昂扬向上的氛围，无论是《回眸古希腊》，还是《秦陵兵马俑》，战士特有的威武身姿和雄风都格外传神，尤其是那种义无反顾、眉宇间带着几分神圣、为信仰而战的昂扬斗志。……张忠信先生以他那种默默无闻、锲而不舍、

持之以恒的行动，以非凡的超脱定力，坚守着自己的人格与艺术底线，'有道则现、无道则隐'，他顽强而生动地诠释着什么叫艺术家'善恶分明'的真知与良心，什么才是艺术家极其可贵的'文化自觉'，什么样的作品才有资格、才有可能被人们发自内心地、称其为'思想性与艺术性的双丰收'。"

我买了几本大部头的《中国古籍插图精鉴》类的书，希图从中吸收些语言，以使木口木刻有些民族特色，事与愿违，无从下"口"。

在一些瓷器、文房四宝的古墨上有些收获，特别是唐宋金银器上，可师法处甚多。最近从网上购藏几百幅木口木刻书票，多是外国的作品，其中不乏大师的作品，也有些价位不高，但照样能获得启迪，可比较出自己的不足。

张扬在一篇介绍忠信的文章中写道："先生在艺术上是永不知满足的人。他告诉我，收集到数百件国外木口木刻精品，还告诉我，在哪找到了更好用的印纸，更大一些的木口木刻的原料，言辞间那欣喜的心情，我都被深深地感染了。"

2011 年，上海国际藏书票邀请展，忠信送展了四幅作品，《晚年的周恩来》《永远的张爱玲》《畅安造像》《树袋熊》获邀请展金奖。

剪彩后，组委会邀请忠信代表获奖人发言，忠信觉得自己"嘴拙"，将话筒推给了来自新疆的许英武。

2018 年春天，上海陆家嘴金融城藏书票艺术馆准备编辑和出版一本《藏书票十一家》的画册，忠信是这十一人之一。

即使已经成为木口木刻领域的佼佼者，但低调、厚道却是忠信永远的为人。

衣食朴素的张忠信先生

EX·LIBRIS

84/100　回联古希腊　X2　张忠信 2007

59/80　秦陵兵马俑之三　X2　张忠信　2008.5

60/80　秦陵兵马俑之一　X2　张忠信　2008.5

49/80 秦陵兵马俑之一 X2 张忠信 2008.4

7/100 圣母子四 X2 程惠德 2007

3/80 古希腊文明揽辉 X2 徐忠信 2003·

T·P 铜雕 X2 徐忠信 2000

A·P 圣母子 X2 钱中清 2006

聖行者佛及菩薩之所行故

A·P 佛教造像之五 X2 张忠信 2007

P·P X2 忠信06

A·P 佛教造像之六 X2 张忠信07年

L·C 佛教造像 忠信 2007

陆地动物系列

22/80 田野中的精灵 ×2 张忠信 2013·9

3/60 滋味×2 張忠信 2012

1/80 小虎 χ2 张忠信 2021年

A/P 庚寅大吉 χ2 张忠信 2010年01

37/80 松鼠 χ2 张忠信 2009

12/80 文雀松鼠 χ2 张志信2021

A/P   天伦   x2   张志信   2015年

58/80 熊 猫 X2 张忠信 2009

2/80 野牦牛 xx 陈忠信 2010.07

18/80 小羊 xx 陈忠信 2014年

EXLIBRIS · ZHANG ZHONGXIN

67/80 云豹 X2 张忠信 2010.08

EX·LIBRIS 中国藏书

54/100 鹿 X2 张中信 2006

EXLIBRIS · 电信藏书

74/80 野骆驼 X2 张忠信 2009.01

山　　雀

今天张帆请了个裁缝师要给我做一身新衣。我并不想在衣着上怎样。饱暖，已不再困扰着我。俗称饱暖生闲事，我这闲事就是刻木口木刻，收藏木口木刻。做一身新衣应是孩子的一种心意。

张帆午后来，把要买的书告诉他。他这几天正在设计已故长白山自然生态作家胡冬林的书。这也是我想知道的，向往见到。张帆说这书会在封面上用到我的木口作品。

小静想要一些我创作心得类的资料。一个刻木口的人更关注的是刻一幅好的作品，刻一只鸟，刻一个人，同样都是尽量为之。刻人物要像，当然也要考虑刀痕的美，刻鸟要考虑态势，头、颈、翅、羽毛、腿爪及环境。

——选自张忠信先生

2015 年 12 月 22 日、2020 年 3 月 17 日、2022 年 7 月 24 日日记

《山雀》是一幅用时长、进展慢的作品。雀头黑、脖子白，余皆灰，羽毛无明显变化，处理起来难度甚大。

今天，《云雀》起稿。

今天是 2016 年最后一天，《喜鹊》起稿。

晨，刻《麻雀》。院子里有人撒了小米，引成群麻雀来吃，一片祥和。

刻《冠鸟》，剩下一小块未刻，因来客人占去一些时间。

网上找到红嘴相思鸟，落在榆叶、梅枝上。一只麻雀，这是再熟悉不过的鸟，在板上停了一年多。想从它踏着的树枝、叶子着手往前推进，梳理枝叶的形态、样貌是必须的。知难而进，须这样，不能停。

上午刻《翠鸟得鱼图》，刻得很慢。浮躁的心态刻不出精细的东西。去浮躁，一刀刀地刻。走向精微。

家雀头刻出，还算满意。

两幅"鸟"在缓慢的推进中，现在深刻地理解了，这种缓慢是对每幅作品的高度负责。

刻鸟，鸟的背景处理，困惑。翅部的羽毛弄不清，力求刻好。找出一本工笔鸟的老画册，吸收一些工笔的东西。

北红尾鸲甚好，大山雀也不差，鹡鸰亦刻小小板……

刻大鸟，再次感到以前刻得粗，静下心来一刀刀地刻。

小鸟的稿子修改，好可爱。

翻看几本诗词，意在为作品取名字。刻鸟也想到在古人写鸟的诗词中得到启示，如"石壁鸣泉""鸟鸣山幽"。看了宋代的花鸟画，记下很多画名，对我会有用。

这批刻鸟的书票，鸟的背景是个难题，必须面对，应当让它成为画中有创造性的部分。

在黑鸟版上刻环形的刀痕，还可。

是将黑鸟刻完，还是……路是自己走的，我的路应是爬坡、探

木口木刻·山雀

张忠信与摩西

新，不怕崎岖。

写实之外有广阔天地，畏难，不走写实，走其他路也不容易。艺术上应以喜爱作选择，而不是容易。

鸟的刻制，深入一步，背景还是难题。没辙。

在几个书票上深入刻画。深入两字，说，容易，真正做到就不那么容易。深入和琐碎不同。

修鸟，其微妙变化必须刻出。

鸟翅不够清晰，怎么改？刻背景，虽很吃力，这也是无法之法。

鸟与背景，仍是无法绕过的。背景树枝、花与空间处，弄不好变成一锅粥。

鸟是实体，有实物可参照，当然也需艺术处理，背景则应与鸟适应，终于找到了适当的语言（刻法）。先画鸟的背景，在另一块小板子上试刀，1号刀和3号刀，适度。过去从来没这么谨慎。就用3号刀，傍晚开始刻。

背景有进展，第一遍刻完，大部分要刻第二遍。

背景刻就，只剩下鸟爪和一树枝。鸟的周围，已见刀痕之美。

力求精致但灵性难得。

精致已不易，灵性更难求。

精致已属不易，灵性更为难求。

《山雀》的创作开始于2015年。在2015年到2017年的日记中，忠信反反复复在讲他遇到的难题——如何更好地刻出鸟的背景。他做了无数的尝试，废掉了很多块板子，起了很多个新的样稿……他以为很快就能解决这个技术难题，然而一个月过去了，一

年过去了……他的摸索整整持续了两年。

到现在，忠信已经刻了将近八十幅鸟。

孙女曾经问过他为什么那么喜欢刻鸟？

为什么喜欢刻鸟？

因为鸟本身就美。

因为鸟的头、颈、腹、翅、腿、爪可以用多种刻刀雕刻，最易展示刀痕美。

因为鸟可以飞，天地更辽阔。

忠信给素秋，给每一个孩子都刻了书票，那是他的心意和祝福。忠信是不会说出"爱"这个字眼的，这个字只在他心里。他曾在日记中这样总结自己的刻木心得："以小博大，以有限写无限，纳须弥于芥子这本是中国诗、中国画的共同特点，也是小版画藏书票成功的奥妙所在。让艺术与人文相互穿越，走出各自的藩篱，这是我刻了十几年书票得以此视角来审视。""以小博大""纳须弥于芥子"，这同样也适于他在书票中表达出的对亲人的感情。

2020年，时代文艺出版社要出版一套已故作家胡冬林的日记体散文集《山林笔记》，卷帙浩繁，118万字，是一份反映长白山林区动植物生态环境和作家个人创作经历的珍贵文本。出版社请张帆做装帧设计。

2007年5月5日，胡冬林搬到长白山区生活，直至2012年10月31日生病住院。五年多的时间，他坚持每天记录在山林中的日常起居以及他与猎人、山民、鸟兽、鱼虫、蘑菇和花木的故事。胡冬林因病离世后，其妹胡夏林整理了他留下的笔记。这是作家的遗作。

藏书票草稿

以木口木刻作品为设计元素出版的书籍

对图书内容有了一定了解后，在张帆脑中，胡冬林笔下彩色的长白山突然与父亲刻刀下黑白的世界重叠在了一起。胡冬林坚持第一时间、第一现场，他有着文学家的理想激情，也有着博物学家的严谨务实；父亲永远波澜不惊的外表下是对艺术澎湃狂热的执念，即使只有黑白灰，他也会用令人震惊的表现力造创出丰富的世界。对苦难、对自然、对长白山、对生灵，父亲也有着与胡冬林同样的敏锐和情怀。

张帆心中已经有了初步的设计构想，封面就用父亲刻的山雀，封底则用那只双爪交叠的可爱的小狐狸。

《山林笔记》获得了国内很多图书大奖，忠信很郑重地把它摆在了自己的书架上。

忠信在 2020 年 6 月 17 日的日记中写道："刻《冠鸟》，剩下一小块未刻，因来客人占去一些时间。"这个客人是吉林艺术学院教授王公，张帆的朋友。退休后的王公在北京宋庄继续着自己的创作，这次回故乡顺路拜访了忠信。

仅仅一面之缘，一向以特立独行著称的王公却觉得忠信才真的算特立独行，他认为忠信是无法"复制"的、独一无二的人，他比当下艺术界的名家多了一种特别的坚定，这种坚定，无关名利金钱，而关对艺术的精研和投入。

听说忠信要出书，王公很郑重地给张帆发来了一封信："张忠信的不声不响让他变成了一个边缘的人，甚至变成了一个被社会遗忘的人。他身上有着民国年间那些大师的影子，好像世俗社会的种种良与不良，很少能投射到他的身上。正因如此，他的精神是光芒无限的，是有着历史穿透性的。"

　　2017 年元月的一天，忠信看到了网上一篇介绍法国女画家 Claire Basler 的文章。Claire 是一位痴迷于绘画和植物的女画家，为了创作和绘画，她买下了一座城堡。城堡是她的秘密花园，她在这里倾听、观察、交流，读懂植物的思维方式与心灵体悟。忠信在日记里抄录下了她说的这段话——"我住在大自然中，我也珍惜我的生活，远离世俗纷繁，保持我的激情在这片土地上，很宁静安逸，所以，我不是隐居者，只是我的绘画让我对生活有了另一种体悟，尽可能地给予我创造性的语言。"忠信接着很郑重地写下了自己的这段话："不久我也会有一个生活、画画的地方，可惜这一切来得晚了些。要更珍惜啊！"

　　2018 年最后一天的日记，忠信写道："网上读到，心静到极处，方生慧根。我心尚未到静极，亦不知有否慧根。'做一件事不问结果，不辞辛劳，直到如心'，这事正在做。"

忠信为家人刻的署名藏书票

11/80 春鸟争暖树 ×2 徐忠信2021年

12/80 情多花更 ×2 徐志信2021年

12/80 后院来客 ×2 徐忠信 2021年

3/80 猫 ×2 徐忠信 2021年

1/60 山雀 X2 张忠信 2021年

71/80 花鼠 X2 张忠信 2009

8/60 母子 X2 张忠信 2014.

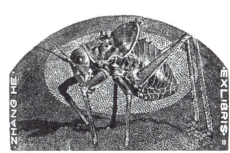

A/C 顶盔贯甲 X2 张忠信 2016年

鸟系列

ZHANG HUANXI SANG

EX-LIBRIS

T.P
山雀   X2   张忠信 2015年

·EX LIBRIS·ZHANG·ZHONG·XIN·CANGSHU·

11/80 芳邻之翠枝 X2 张忠信 2021年

12/80 枝头相会 X2 侯忠信 2021年

12/80 新境一 X2 侯忠信 2021年

13/80 新境三 X2 侯忠信 2021年

11/80 花落鸟啼□翠×0徐忠信 2021

A·P 自在啼 ×2 徐忠信 2017年

11/80 攀冠一 ×2 徐忠信 2021年

1/80 回眸 ×2 徐忠信 2017年

木口木刻·山雀

11/80 夏栖 ×2 张忠信 2021年

12/80   新境二 ×2   张忠信 2021月

11/80 海鸥事香 ×2 徐志信 2021年

12/80 春光预鸟性 ×2 徐志信 2021年

12/80 聚餐 ×2 徐志信 2021年

2/80 哺饲 ×2 徐志信 2021年

草长莺飞，花开花落。从白雪皑皑到草木初生，自然应时而变，蚀木山坊的景色从未停滞。